# AVANT
# LA CONSTITUTION

PRÉCÉDÉ

## D'UNE RÉPONSE A TIMON

PAR

**ÉMILE DE GIRARDIN**

2e ÉDITION.

PARIS

MICHEL LÉVY FRÈRES, LIBRAIRES-ÉDITEURS
DES OEUVRES COMPLÈTES D'ALEXANDRE DUMAS
de la Bibliothèque dramatique et du Théâtre de Victor Hugo,
Rue Vivienne, 1.

1848

# AVANT
# LA CONSTITUTION

PRÉCÉDÉ

## D'UNE LETTRE A TIMON,

PAR ÉMILE DE GIRARDIN.

> Ce qui est écrit n'est rien.
>
> DE MAISTRE, *Principe générateur.*
>
> La liberté ne doit pas être dans un livre, elle doit être dans le peuple et réduite en pratique.
>
> SAINT-JUST. 1793.
>
> Notre organisation, perfectionnée par l'union universelle, nous dispensera d'avoir un jour ce qu'on appelle *un gouvernement*...
>
> ANARCHARSIS CLOOTZ. 1793.

DEUXIÈME ÉDITION.

PARIS.

MICHEL LÉVY FRÈRES, LIBRAIRES-ÉDITEURS
des Œuvres d'Émile de Girardin;
RUE VIVIENNE, 1.

1848

AVANT

# LA CONSTITUTION.

EN VENTE CHEZ LES MÊMES ÉDITEURS.

---

## ÉMILE DE GIRARDIN.

## BON SENS, BONNE FOI.

Un vol. in-18 anglais. Prix : 2 francs.

---

## JOURNAL D'UN JOURNALISTE AU SECRET.

Un vol. in-18 anglais. — Prix : 1 franc.

---

## ÉTUDES POLITIQUES,

Nouvelle édition, entièrement revue et corrigée.

Un vol. in-18 anglais. Prix : 2 francs.

---

## LA FORCE ET L'IDÉE,

LETTRES AU GÉNÉRAL CAVAIGNAC

SUR LES RÉFORMES ADMINISTRATIVES D'ÉMILE DE GIRARDIN

PAR M. BONNAL.

Brochure in-18. Prix : 50 cent.

---

Imprimerie Dondey-Dupré, rue St-Louis, 46 (Marais).

AVANT LA CONSTITUTION..... J'ai besoin d'expliquer le titre donné à ce petit écrit. Peu de mots suffiront.

*Avant* la Constitution, cela veut dire *après* qu'elle aura été voté, je m'interdis contre elle toute objection, toute discussion.

Grâce au gros bon sens que mon ignorance m'a laissé, je n'ai pas à me reprocher d'avoir jamais écrit une seule ligne contre la Charte de 1830 ; la même réserve ne me sera pas plus difficile à l'égard de la Constitution de 1848.

APRÈS LA CONSTITUTION, je dirai comme disait, en 1787, Franklin, mon maître : « J'adopte » cette Constitution avec tous ses défauts, si elle en » a, parce que je crois qu'il nous faut un gouverne- » ment général, et qu'*il n'existe aucune forme de* » *gouvernement qui ne puisse être un bien s'il est* » *sagement administré*. »

# A MES 70,500 ÉLECTEURS

(Élections de la Seine, du 8 juin 1848).

A vous,

Qui avez voulu d'un caractère qui ne fût pas jeté dans le moule banal ; d'un homme qui ne sacrifiât pas aux petites considérations toutes les grandes ; qui ne se gouvernât pas par l'opinion des autres, mais par la sienne ; qui eût enfin le seul courage qui soit rare en France, celui d'oser être soi !

A vous,

ÉMILE DE GIRARDIN.

5 septembre 1848.

# A TIMON.

5 Septembre 1848.

Pourquoi je vous adresse cette épître? — Je vais vous le dire.

Ce n'est pas parce que la Constitution est votre fille; ce n'est pas que j'en sois éperdument épris; non; c'est qu'il ne faut pas être doué d'un grand fonds de sagacité pour reconnaître, dans votre *petit pamphlet sur la Constitution*, que si la trame de la Constitution était encore à ourdir, ce serait une œuvre dont vous laisseriez à d'autres mains que les vôtres le labeur et la responsabilité. Et vous feriez bien! Déjà vous ne pouvez vous empêcher de vous écrier : « *La Constitution est trop ré-* » *glementaire, trop longue d'un tiers, de moitié peut-être...* » Sous ce que vous dites, apparaît tout ce que vous ne dites pas! convenez-en : mon avis est le vôtre. Pourquoi donc n'en conviendriez-vous pas? M. Ledru-Rollin s'est-il gêné pour traduire à la tribune, dans la séance du 25 août, ma pensée en ces termes : « *Des constitutions! nous*

1.

» *en avons dans nos lois à en défrayer tous les peuples du* » *monde. Ce sont des institutions sociales qu'il nous faut.* »

Page 12 de votre petit pamphlet, je lis : « *La première* » *fois que je proposai le* direct *et l'*universel *on se prit* » *d'un rire fou et l'on me fit voir sur tous les modes de la* » *lyre ministérielle que j'étais un homme absurde...* » C'est aussi ce qui m'est arrivé, le 13 juin dernier, la première fois que j'eus l'indiscrétion de poser à mes lecteurs, stupéfaits, ébahis, presque indignés, cette petite question imprimée en grosses lettres :

POURQUOI UNE CONSTITUTION ?

Quel ne fut pas leur redoublement de surprise e d'indignation lorsque le lendemain j'ajoutai :

POURQUOI UN POUVOIR IRRESPONSABLE ET SUPÉRIEUR ?

C'est pour le coup qu'ils se demandèrent si je les prenais au sérieux, et si d'aventure je ne me moquais pas deux ?

Ce fut bien pis encore lorsque le lendemain je ne craignais pas d'affirmer ce qui suit :

LA CONSTITUTION EST FAITE.

Tout ceci s'exprimait, se débattait, s'éclaircissait, se démontrait du 13 au 18 juin, entre la Pentecôte et la Trinité, il y a de cela à peine deux fois quarante jours, et ce temps a suffi et au delà pour que ce qui avait d'abord semblé un énorme paradoxe devînt une plate banalité.

Maintenant c'est moi qui suis confus, ébahi, presque indigné de ne plus trouver de contradicteurs. C'est vainement que j'en cherche! Je ne rencontre que des gens de mon avis. Ce serait à me donner le désir d'en changer. De toutes parts l'écho importun me renvoie mes paroles :

« Pourquoi une constitution?
» Pourquoi un pouvoir irresponsable?
» La constitution est faite. »

Je m'abusais au point de croire que j'avais fait sortir de son fourré quelque vérité sauvage, armée de crocs et de défenses comme un sanglier, pas du tout; à peine avait-elle franchi le buisson, déjà l'indigne était apprivoisée, familière comme... Au lieu de fuir elle suivait.

Pascal a dit : « Un méridien décide de la vérité......
» Vérité au deçà des Pyrénées, Erreur au delà. » Il ne serait pas moins vrai de dire au temps où nous vivons: Vérité ce matin, Vulgarité ce soir.

S'élancer sur une vérité et tomber sur une vulgarité! Quelle chute! quel saut de Leucade! quelle confusion!

Depuis la malheureuse abolition de l'inquisition, c'est le triste sort auquel sont exposés les plus aventureux explorateurs à la recherche des vérités inconnues ou méconnues. O le beau temps que celui où la vérité échappait à la vulgarité par la persécution! O Galilée, que tu fus bien inspiré de naître au seizième siècle!

Aujourd'hui tu ne serais pas même sûr qu'on te fît l'honneur de te contredire !

Il n'y a plus qu'une voix pour convenir qu'on eût mieux fait de s'en tenir tout bonnement à ces deux lignes et à ces cinq mots qui disaient tout :

RÉPUBLIQUE FRANÇAISE.

LIBERTÉ, ÉGALITÉ, FRATERNITÉ.

Le choix du président eût été l'affaire d'un jour. Il y aurait trois mois au moins qu'il n'en serait plus question. Le 15 mai n'eût pas ouvert aux citoyens Albert et Barbès les portes de Vincennes et visé pour Londres les passeports des citoyens Louis Blanc et Marc Caussidière. Le mois de juin (c'est le mois où le soleil entre dans le Cancer), déjà marqué à l'épaule par l'état de siége de 1832, ne fût pas tombé en récidive. Le provisoire ne se fût pas prolongé, et le crédit ne s'en porterait pas plus mal. Incertitude et confiance sont deux ennemies mortelles. Le moyen de rendre au travail son cours interrompu, c'était de ne pas perdre de temps en discussions sans fruit, c'était de donner le bon exemple, c'était d'aller vite en besogne et droit au but.

C'est ce qu'on n'a pas fait.

On a mal fait.

Réunie le 4 mai, c'est le 4 septembre seulement que l'Assemblée nationale a ouvert la discussion sur le projet de Constitution.

Cent vingt jours ont été nécessaires pour la mettre au monde. Pendant ce temps deux fois la République a failli périr !

Et comment ce projet vient-il au monde?

Avec deux têtes.

Le projet, tel qu'il a été présenté par la Commission dans la séance du 19 juin, diffère essentiellement du projet tel qu'il a été représenté dans la séance du 30 août.

A la première déclaration des devoirs et des droits, a été substituée une déclaration toute nouvelle, conçue dans un tout autre esprit, quoi que en puissent dire le rapport et le rapporteur, M. Armand Marrast.

Qui le sait mieux que vous, citoyen Timon, qui présidez la commission du projet de Constitution?

Qu'est-ce-que cela prouve?

Je vous le demande.

Cela ne prouve-t-il pas qu'avant même que la Constitution ait été votée, on a déjà reconnu la nécessité de la faire autrement?

Mais si elle eût été votée avant les journées de juin?

Je me borne à poser la question.

Mais si le lendemain du jour où elle sera promulguée, elle rencontre dans le jeu de son appareil des complications ou des résistances qui l'empêchent de fonctionner, que fera-t-on? S'empressera-t-on d'en appeler à une nouvelle Assemblée constituante, dite assemblé de révision?

Autre question.

En ne faisant pas de Constitution, on échappait à la difficulté d'une déclaration des devoirs et des droits, on échappait au danger des ratures. Il y a des mots qui se gravent d'autant plus profondément dans la mémoire du peuple, qu'on a mis plus de jours à les effacer de la feuille de papier destinée à grossir la collection des lois.

Le droit au travail est un de ces mots.

L'avoir écrit était peut-être une grande imprudence, l'avoir rayé en est une plus grande encore !

Il faut ne pas connaître le peuple pour ignorer que son esprit n'aura de repos qu'après qu'il aura ressaisi ce qu'il avait considéré comme le prix de sa victoire, en février dernier.

Le droit au travail, c'est sa rive gauche du Rhin.

Plus on le lui disputera, plus il y tiendra.

Jamais il ne considérera comme sienne une constitution au frontispice de laquelle ces mots ne seront pas inscrits : *Droit au travail.*

Ces mots étaient dans le projet de constitution du 19 juin ; ces mots ont disparu de la constitution du 30 août.

Ils y formeront un vide.

C'est de cette cavité que sortira implacable la révolution nouvelle.

C'est dans cette cavité que se donneront rendez-vous tous les partis irrités, toutes les ambitions déçues.

Quiconque entreprendra de soulever le peuple, le soulèvera encore avec ces mots tout puissants : *Droit au travail.*

Les avoir mis pour les ôter, les avoir ôtés pour les remettre, trois fautes ! Ne pas les remettre, péril.

Vous avez raison d'insister.

Après tout, de quoi s'agit-il ? il s'agit de savoir si on reculera plus loin que 1775, si on désavouera Turgot s'exprimant ainsi :

« ... Dieu, en donnant à l'homme des besoins, et lui rendant » nécessaire la ressource du travail, a fait du *droit de travailler* » la propriété de tout homme, et cette propriété est la plus » sacrée et la plus imprescriptible de toutes... »

Il s'agit de savoir si l'on mettra Henri IV et Napoléon au ban des anarchistes, communistes ou socialistes.

Napoléon, dont la pensée fixe était l'extinction du paupérisme !

Henri IV, dont le rêve était que chacun de ses sujets pût mettre la *poule au pot !*

L'œuf d'où cette fameuse poule doit sortir est encore à pondre.

Ce n'est pas le temps cependant qui aura fait défaut, car déjà se sont écoulés deux cent cinquante ans.

Deux cent cinquante ans, ce n'est rien dans l'existence d'un peuple. Non ! c'est le temps que mettent à vivre de misère et à mourir de faim cinq générations !

« *Le droit au travail est celui qu'a tout homme de vivre* » *en travaillant.* »

Telle est votre définition.

Voici la mienne :

Le droit au travail, c'est le devoir pour qui gouverne d'être vigilant, prévoyant, supérieur, d'aimer cordialement le peuple et de haïr non moins cordialement ses trois ennemis mortels, qui excellent à s'insinuer dans les chairs de tout ce qui arrive au Pouvoir :— la paresse, la vanité, l'optimisme.

Mais c'est faire du ministre un capitaine à son bord, un postillon sur son cheval, une sentinelle en faction, un négociant l'œil toujours ouvert sur son carnet d'échéances.

Eh bien ?

Que ceux qui ne voudront pas de l'exercice du pouvoir à ces conditions-là... le laissent.

En d'autres termes :

Le droit au travail, c'est l'extinction du paupérisme.

Si l'État est assez riche pour venir au secours des ouvriers laborieux, privés d'ouvrage, il lui en coûtera moins encore de leur donner du travail que du pain.

En Angleterre, le droit au travail n'existe pas.

Non, mais la taxe des pauvres existe.

A la taxe des pauvres je préfère le droit au travail.

C'est une utopie, c'est une chimère.

Qu'ont donc essayé, qu'ont donc entrepris pour avoir acquis le droit de s'exprimer ainsi, ceux qui prétendent que dans un pays tel que la France il ne saurait y avoir de travail pour tous les bras valides ?

Vous êtes législateur et je ne le suis plus ; demandez-leur donc à la tribune, citoyen Timon, de vous faire connaître à vous et à moi leurs méditations, leurs idées, leurs travaux, leurs tentatives !

Tant pis pour les pouvoirs impuissants, si le droit au travail est leur condamnation ! A moins de décadence, l'humanité ne peut reculer dans sa marche; la liberté de la presse ne peut rentrer dans le néant, la vapeur ne peut s'évanouir en négation dans les procès-verbaux de l'Académie des sciences, les écoles primaires ne peuvent se démolir, ni les hommes oublier ce qu'ils ont appris.

Assez sur cette question; maintenant à une autre.

Le principe d'une assemblée unique l'a emporté dans quatorze bureaux sur quinze.

Vous et M. Marrast vous vous en félicitez; M. Thiers et M. Duvergier de Hauranne s'en affligent.

Qui a tort? Qui a raison?

Qu'importe?

M. Thiers eût-il raison, que son opinion succomberait.

Eussiez-vous tort, que votre avis prévaudrait.

Généralement, je ne suis pas pour que deux entreprennent ce qu'un seul peut faire. Le plus souvent l'accord nécessaire de deux volontés n'aboutit qu'à l'impuissance. A force de tant délibérer, on finit par ne rien résoudre. La discussion a son mérite, sans doute, mais l'initiative aussi a le sien.

Le travail se divise; le pouvoir ne se divise pas.

Toute complication qu'on écarte est un progrès qu'on opère.

Toute fiction qui disparaît est un danger qui s'éloigne.

Je suis pour la responsabilité directe; plus elle est directe, moins on s'expose aveuglément à l'encourir.

Si sévère qu'on fasse jamais la loi sur la responsabilité des ministres, elle ne le sera jamais assez.

C'était la première loi qu'aurait dû présenter le ministère du 11 août 1830, et rien que pour s'être dissous avant de l'avoir faite, il eût dû être mis en accusation.

Tout effet s'explique par sa cause : la responsabilité royale effective s'explique par la responsabilité ministérielle illusoire.

Aucune question n'a été exposée et débattue des deux parts avec plus d'habileté. D'un côté, par M. Thiers dans les développements qu'il a donnés à son opinion en la défendant le 6 juillet dans son bureau ; de l'autre côté, par M. Marrast, ce passage de son rapport est incontestablement le meilleur ; ce sujet n'est pas non plus le moins bien traité dans votre petit pamphlet. On cite sans cesse l'exemple de l'Angleterre, mais on se garde bien de rappeler qu'à une époque où la chambre haute et la chambre basse furent en lutte, tout ce que la chambre haute ne voulut pas elle fut contrainte de le faire. C'est ainsi qu'on la vit, en mai 1641, consentir aux exécutions de Strafford et de Guillaume Laud, archevêque de Cantorbéry. Elle ne put empêcher le banc des évêques d'être renversé dans le parlement. La guerre civile triompha de ses tendances pacifiques. L'obstacle devint instrument, la barrière servit à dresser l'échafaud.

Il faut que les bicaméristes en prennent leur parti ; vainement ils s'écrieront : « *Les révolutions se commen-* » *cent avec une seule chambre et se finissent avec deux* (1). » On leur répondra : Oui : — mais *pour recommencer avec une.*

(1) Mignet, *Histoire de la Révolution française.*

Prendre son parti d'une seule chambre est ce qu'il y a de mieux à faire ; d'abord parce que ce sera épargner tout le temps qu'on perdrait en débats inutiles ; ensuite parce que ce sera un motif de plus pour exiger que le principe admis de l'assemblée unique soit dans l'application aussi parfait qu'il doit et qu'il peut l'être.

Jamais une assemblée de sept cent cinquante membres ne fera rien de bon ; encore moins une assemblée de neuf cents membres.

La France, pays où les petites affaires abondent par suite de la centralisation administrative, la France ne devrait avoir qu'un représentant par 100,000 habitants ; plus deux représentants par chaque colonie.

De 360 à 380 représentants, ce serait assez.

Pourquoi 750 représentants plutôt que la moitié de ce nombre ?

Quand le nombre des électeurs est restreint par le cens, je comprends qu'il soit utile d'étendre le nombre des élus, mais avec le suffrage universel c'est une garantie qui cesse d'être nécessaire.

Beaucoup d'électeurs et peu d'élus, c'est ainsi que je comprends que la quantité se rachète par la qualité.

Vous avez trop de bon sens pour n'être pas de cet avis.

Aux États-Unis, la chambre des représentants ne se compose que de 259 membres. La proportion est celle-ci : un élu par 73,000 électeurs.

J'admets les cas d'urgence.

Je n'admets pas les lois d'urgence ; je m'en défie ; celles qu'on vote le plus vite sont celles qui durent le plus longtemps ; celles pour lesquelles on prend le moins de précautions, sont précisément celles pour lesquelles on en devrait prendre le plus.

Dans les cas d'urgence, le chef du pouvoir exécutif, sous sa responsabilité expresse, agit par arrêtés; si ces arrêtés excèdent les limites tracées à l'autorité qui lui est dévolue, il est tenu de les faire approuver dans un delai prévu et fixé par l'Assemblée.

Le projet de Constitution du 19 juin avait établi une distinction entre les lois et les décrets.

Cette distinction a disparu dans le projet de Constitution du 30 août.

Il n'y a plus de décrets; il n'y a plus que des lois.

Cela vaut déjà mieux; mais tandis qu'on était en train d'effacer, on eût bien fait d'effacer les lois d'urgence.

C'est un article à retrancher : l'article 40.

C'est un article à amender : l'article 39 ; il est ainsi conçu : « Aucun projet de loi, SAUF LES CAS D'UR- » GENCE, ne sera voté définitivement, qu'après trois dé- » libérations à des intervalles qui ne peuvent être » moindres de dix jours. »

*Sauf les cas d'urgence*, voilà ce qu'il est essentiel de retrancher ! Voilà le point sur lequel ne sauraient trop vivement insister les bicaméristes.

Il faut qu'une porte soit ouverte ou fermée.

Si la porte est ouverte à l'urgence, toute garantie donnée à la réflexion et à la discussion disparaît.

Un vif débat aura lieu sur l'élection du président.

De mon cabinet d'où je ne suis pas éloigné du camp

qui a parsemé de ses tentes pittoresques le carré Marigny, je vois se glisser à la place de l'article 119 (chapitre XII, *dispositions transitoires*) un autre article auquel déjà les factionnaires portent les armes. Je mets en regard les deux articles afin qu'on les compare :

| | |
|---|---|
| Art. 119. Immédiatement après le vote de la constitution, il sera procédé, par la nation, à la nomination du président de la République, et, par l'Assemblée nationale constituante, à la rédaction des lois organiques qui doivent compléter la constitution. | Art. 119. Par dérogation expresse aux articles 43 et 44, et pour la première fois exceptionnellement, vu l'état des partis et la gravité des circonstances, le président de la république sera élu au scrutin dans la même forme que le président de l'Assemblée nationale. |

A cela nulle objection de ma part, si le président élu ne devait être que le président du conseil des ministres, et ne devait en conserver le titre et les fonctions que tout le temps qu'il aurait la majorité.

Peut-être même eussé-je compris que pour la première fois le président de la République fût élu par l'Assemblée nationale, si la liberté de la presse était demeurée entière, si le glaive de la suppression n'était pas resté suspendu au-dessus des journaux, si l'état de siége n'avait pas survécu à l'état de guerre ; si la légalité ne s'était pas évanouie devant l'arbitraire, si enfin, tous les droits violés avaient été certains de trouver un abri derrière la majorité de l'Assemblée.

Aujourd'hui, après le discours prononcé par le chef du pouvoir exécutif dans la séance du 2 septembre, insistant comme il l'a fait sur la nécessité du maintien de l'état de siége, avant, pendant et après le vote de la Constitution, je ne comprendrais pas que l'élection du président de la République n'eût pas lieu par le pays, aux termes des articles 40 et 44 du projet de Constitution.

D'un homme d'état — homme d'épée qui s'exagère un danger, ou qui l'exagère, il y a tout à craindre. Le danger qu'il montre est le moins à redouter ; celui dont on ne saurait trop se défier est le danger qu'il cache.

J'aime qu'on rassure une assemblée ; je n'aime pas qu'on l'effraye.

Cela me donne à penser.

Inutile de prévoir, il suffit de se souvenir.

Sous le régime de l'état de siége indéfini, que deviennent toutes ces grandes phrases sur les « *droits an-* » *térieurs et supérieurs aux lois positives et indépendants* » *de ces lois ?* »

Sous le régime de l'état de siége à perpétuité, que deviennent les garanties ci-après :

« Nul ne peut être arrêté ou détenu que suivant les » prescriptions de la loi.

» La demeure de chaque citoyen est inviolable.

» Nul ne sera distrait de ses juges naturels ; il ne » pourra être créé de commissions et de tribunaux ex- » traordinaires à quelque titre et sous quelque dénomi- » nation que ce soit.

» Les citoyens ont le droit de s'associer... de mani- « fester leurs pensées par la voie de la presse ou autre- « ment.

» La presse ne peut dans aucun cas être soumise à » la censure.

» Toutes les propriétés sont inviolables.
» La confiscation ne pourra jamais être rétablie. »

On l'a vu ; on le voit.

On a vu des journaux supprimés sans jugement, des propriétés détruites sans indemnités, des écrivains arrêtés sans motifs et mis au secret sans qu'on les ait même interrogés ; on voit des citoyens condamnés à la transportation sans aucune des garanties judiciaires qui abritent le meurtrier et le voleur, sans l'appui d'un défenseur, ou choisi par eux, ou nommé d'office.

Ce qui m'effraye et ce qui m'indigne, ce n'est pas que de tels excès aient été et soient encore commis, ce qui m'indigne et ce qui m'effraye, c'est qu'un tel état de choses, uniquement parce qu'il se qualifie d'état de siége, soit trouvé tout simple en 1848 par l'immense majorité de l'Assemblée nationale et de la presse périodique, c'est qu'il ne rencontre pas d'opposition sérieuse, c'est qu'il paraisse tout naturel de mettre au-dessus des principes, quoi ?... Les nécessités.

Mais n'est-ce donc pas là ce qu'ont fait tous les régimes tristement flétris par l'histoire ?

. . . . . . . . . . . . . . . . . . . . . . . .

Trop de réflexions amères viennent assiéger mon esprit pour que je pousse plus loin un examen que je n'eusse pas commencé si j'avais prévu que la pente fût si rapide de l'ironie au désespoir.

Avec vous, Timon, je dis : Amnistie, abolition du

passé; mais, à votre tour, dites avec moi : Légalité, abolition de l'arbitraire.

Oui, amnistie pour les insurgés de juin, amnistie pour les accusés de mai, amnistie pour les ministres de février, révocation de tous les décrets de bannissements sans distinction de branches ni d'origine.

C'est ainsi que j'avais compris la République le 25 février; c'est ainsi que je la comprendrais encore.

La République qui pardonnerait tout n'aurait rien à craindre.

C'est parce qu'on ne pardonne rien que je crains tout.

ÉMILE DE GIRARDIN.

13 Juin 1848.

## Pourquoi une constitution?

> La crise où nous sommes engagés est forte. N'imitons pas l'exemple du Bas Empire, qui, pressé de tous côtés par les Barbares, se rendit la risée de la postérité en s'occupant de discussions abstraites au moment où le bélier brisait les portes de la ville.
>
> NAPOLÉON, *Réponse aux représentants*, juin 1815.

Le 6 mai, le président du Gouvernement provisoire, s'adressant aux membres de l'Assemblée nationale, s'exprimait en ces termes :

« Citoyens représentants, notre œuvre est accomplie, la » vôtre commence. *La présentation même d'un plan de Gou-» vernement, ou d'un projet de constitution, eût été de notre » part une prolongation téméraire de pouvoir ou un empiéte-» ment sur votre souveraineté.* Nous disparaissons dès que » vous êtes debout, pour recevoir la République des mains » du peuple. Nous ne nous permettrons qu'un seul conseil et » un seul vœu à titre de citoyens, et non à titre de membres » du Gouvernement provisoire. Ce vœu, citoyens, la France » l'émet avec nous. C'est le cri de la circonstance.

» Ne perdez pas de temps, cet élément principal des crises » humaines. Après avoir absorbé en vous la souveraineté, ne » laissez pas un interrègne nouveau allanguir les ressorts du » pays. Qu'une commission de gouvernement, sortie de votre » sein, ne permette pas au pouvoir de flotter un seul instant, » précaire et provisoire, sur un pays qui a besoin de pouvoir » et de sécurité; qu'un comité de constitution, émané de vos » suffrages, apporte sans délai à vos délibérations et à votre » vote le mécanisme simple, bref et démocratique de la con- » stitution dont vous délibérerez ensuite à loisir les lois orga- » niques et secondaires. »

Douze jours après, le 18 mai, l'Assemblée nationale nommait au scrutin une commisssion de constitution composée de dix-huit membres, dont les noms suivent :

| MM. | MM. |
|---|---|
| Cormenin, | Corbon, |
| Marrast, | Tourret, |
| Lamennais, | Gustave de Beaumont, |
| Vivien, | Dupin, |
| Tocqueville, | Vaulabelle, |
| Dufaure, | Odilon Barrot, |
| Martin (de Strasbourg), | Pagès (de l'Ariége), |
| Woirhaye, | Dornès, |
| Coquerel, | Considérant. |

Déjà vingt-cinq jours se sont écoulés!... vingt-cinq jours pendant lesquels le flot de la misère a monté, monte, monte encore, et menace de tout emporter.

Qu'est-ce que la France inquiète et désœuvrée attend donc pour sortir de cet état de marasme et de dépérissement?

Elle attend le vote de la constitution.

Pourquoi une constitution?

A quoi bon?

Ou je ne sais plus ce que j'écris, ou l'Assemblée nationale et la commission n'ont pas le droit d'en faire une.

Représentants du peuple souverain, vous n'avez pas le droit de mettre une limite à sa souveraineté. Ce droit, le mandat que vous tenez de l'élection ne vous le confère pas.

Toute constitution est par elle-même une limite.

Toute limite mise par vous à la souverainé du peuple est de votre part ou une condamnation de principe de la souveraineté du peuple, ou une usurpation de pouvoir, un contre-sens, un anachronisme, une puérilité, une perte de temps.

Je comprends la nécessité, l'avantage d'une constitution, là où un peuple et un roi sont en présence, là où le droit est aux prises avec la force, là où l'issue du combat est douteuse, là où une constitution a le caractère d'un pacte, d'un contrat, d'un gage, d'une transaction ou d'une réconciliation entre deux parties; mais, je l'avoue, je ne comprends pas, je ne saurais comprendre l'utilité d'une constitution là où le peuple est victorieux, là où il est tout-puissant, là enfin où il est souverain.

A-t-on jamais vu l'esclave raccourcir volontairement sa chaîne, le torrent se construire à lui-même une digue, le coursier se forger un frein, l'aigle échanger son aire contre une cage, le roi absolu assembler spontanément ses ministres pour qu'ils aient à diminuer l'étendue de son autorité, le diamètre de sa couronne?

Toute constitution qui n'est pas une transaction est une restriction.

Pour que vous ayez le droit de restreindre la souveraineté du peuple, il faudrait que vous tinssiez ce droit d'une souveraineté supérieure à la sienne.

Or, c'est ce qui n'est pas; donc vous êtes sans qualité, sans titre, sans pouvoirs, sans mandat, pour faire ce que vous faites, pour rédiger et décréter une constitution.

Contesterez-vous ce que j'avance, nierez-vous ce que j'affirme?

Alors vous m'expliquerez comment la constitution de 1795 a pu abroger la constitution de 1793?

Alors vous me direz ce que devra faire le gouvernement que vous aurez institué, dans le cas où le peuple, déçu dans ses espérances, agirait comme s'il n'était pas lié par votre constitution?

Mais la constitution que prépare la commission ne sera pas un contrat, ce sera, dites-vous, une nouvelle déclaration des droits de l'homme et du citoyen.

Je réponds :

Là où le peuple victorieux est souverain, toute déclaration de ses droits et de ses devoirs est au moins superflue.

Une omission peut être commise; en s'abstenant d'en mentionner aucune, une omission n'est pas à craindre.

Prouver que cette souveraineté existe est de toutes les façons de la déclarer la plus certaine.

Comment le prouver?

En l'exerçant.

Donc, au soin d'en faciliter et d'en assurer le plein exercice doit se borner la tâche de la commission et de l'Assemblée nationale.

Aller au-delà ce serait outrepasser leur mandat, ce serait construire un édifice pour appeler la foudre sur lui, ce serait porter atteinte au caractère de la souveraineté nationale, en l'exposant au risque d'être taxée par l'histoire de versatilité populaire.

Toute constitution est grosse d'une révolution.

Point de constitution !

Seulement des lois, des décrets, des réglements, peu importe le mot, qui pourvoient à l'exercice de la souveraineté du peuple, de telle sorte que modifications et simplifications successives aient pour unique effet de jalonner les contours de l'intelligence nationale et le progrès de la raison publique.

Mais, sans constitution, comment établir un gouvernement, comment limiter l'étendue de ses pouvoirs, comment marquer celle de ses devoirs, comment régler l'exercice de son autorité et de sa responsabilité ?

Rien n'est plus facile.

En commençant par écarter toutes les fictions, par supprimer toutes les superfétations en ramenant le pouvoir à cette simplicité de moyens, à cette économie de forces auxquelles on reconnaît que toute grande industrie est en progrès.

J'ai dit :

Pourquoi une constitution?

J'ajoute :

Pourquoi un président?

Sinon un président, pourquoi des directeurs ou des consuls?

Sinon des consuls, pourquoi un comité?

Car il faut choisir entre ces quatre modes républicains de constituer le pouvoir supérieur et irresponsable : — Comité ; Consulat ; Directoire ; Présidence.

Un président !

Qui nommer ?

Je suppose cette première difficulté vaincue ; je suppose le président nommé : comment borner l'immense pouvoir que lui donneront deux armées, l'une composée de cinq cent mille soldats, l'autre composée de cinq cent mille commis ?

Quelles garanties assez fortes stipuler, dans un pays où la centralisation administrative n'a d'autres contrepoids que l'excès des abus et la périodicité des révolutions ?

J'attends l'Assemblée nationale à l'examen de ces questions, dès qu'il s'agira de traduire par un nom propre ce mot : *Président.*

Des directeurs ! des consuls !

J'interroge le passé, j'interroge l'histoire, j'interroge l'homme qui abolit le directoire et créa le consulat : j'interroge Napoléon, j'ouvre ses Mémoires, et je lis :

« L'opinion publique fut d'abord séduite par les avantages » qui paraissaient attachés à la forme de gouvernement prescrite par la constitution de 1795. Un conseil de cinq magis» trats ayant des ministres responsables pour l'exécution de » ses ordres, aurait tout le loisir de mûrir les affaires ; le même » esprit, les mêmes principes se transmettraient d'âge en » âge sans interruption ; plus de régence, plus de minorité à » craindre. Mais ces illusions se dissipèrent bientôt ; on » éprouva à la fois tous les inconvénients, résultats inévitables » de l'amalgame de cinq intérêts, de cinq passions, de cinq » caractères divers : on sentit toute la différence qui existe » entre un individu créé par la nature et un être factice, qui » n'a ni cœur, ni âme, et n'inspire ni confiance, ni amour, » ni illusion.

» Les cinq directeurs se partagèrent le palais du Luxem-
» bourg et s'y établirent avec leurs familles, qu'ils mirent en
» évidence; cela forma cinq petites cours bourgeoises placées
» à côté l'une de l'autre, et agitées par les passions des fem-
» mes, des enfants et des valets; la suprême magistrature fut
» avilie; les hommes de 93, les classes élevées de la société
» furent également choquées, l'esprit de la constitution était
» violé. *Un directeur n'était ni un ministre, ni un préfet, ni*
» *un général : il n'était qu'un cinquième d'un tout.* Il ne de-
» vait paraître en évidence qu'en conseil; sa femme, ses en-
» fants, ses domestiques auraient dû ignorer qu'il était mem-
» bre du gouvernement. Le directeur devait rester simple
» citoyen; mais le directoire devait être environné des res-
» pects, de l'étiquette et de la splendeur qui appartiennent à
» la magistrature suprême d'une grande nation.

» ... Le directoire n'avait pas plus de système d'adminis-
» tration que de politique extérieure; il marchait au jour le
» jour, entraîné par le caractère individuel des directeurs ou
» par la nature vicieuse d'un gouvernement de cinq per-
» sonnes; il ne prévoyait ni n'apercevait de difficultés que
» quand il était matériellement arrêté. »

Entre cinq directeurs et trois consuls, je ne vois de différence que celle qui existe entre le nombre 5 et le nombre 3; entre un consul et un président, je n'en vois que dans les noms.

Un comité!

Ce serait un diminutif de l'Assemblé nationale;

Ce serait la discussion à deux degrés;

Ce serait l'impuissance organisée;

Ce serait la décadence de la France.

Impuissance organisée et usurpation probable, sont les deux alternatives entre lesquelles devra choisir l'Assemblée nationale.

Royauté héréditaire;

Royauté élective ;

Consulat à vie ;

Présidence à terme ;

Directoire de trois ou de cinq membres ;

Comité actif de délégués de l'Assemblée ;

Tels sont les divers modes de constitution du pouvoir. N'en existerait-il donc pas un autre plus simple, applicable aux circonstances, aux exigences, aux défiances actuelles ? N'en existerait-il donc pas un autre, qui conciliât tous les principes, donnât toutes les garanties, tranchât toutes les difficultés, simplifiât tous les rouages, écartât toutes les complications, assurât au peuple tous ses droits, laissât au pouvoir toute liberté d'initiative, et créât une responsabilité directe et efficace ?

Pourquoi ne se bornerait-on pas à nommer trois ministres secrétaires d'État, ainsi que je le demande depuis dix ans ?

J'ai exposé ce système avec étendue (1).

Je me bornerai donc à le rappeler très-sommairement.

Ce système repose sur ces deux principes :

Concentrer l'autorité ;

Diviser le travail ;

Ce système concentre l'autorité entre les mains de trois ministres secrétaires d'État ;

Un ministre président du conseil ;

Un ministre des recettes ;

Un ministre des dépenses.

Il divise le travail en le partageant entre les mains

(1) ÉTUDES POLITIQUES. *Classification nouvelle des attributions ministérielles*, par ÉMILE DE GIRARDIN. 1848.

d'autant de directeurs généraux qu'il est possible de composer d'unités administratives. Le nombre en fût-il de soixante, de quatre-vingts, qu'il pourrait n'être pas trop considérable.

J'appelle *unité administrative* toute branche de service distincte et complète, qui, isolée, forme par elle-même un entier.

Ainsi constituée, la responsabilité a deux degrés.

Le ministre répond des directeurs-généraux qu'il a choisis.

Le directeur-général répond des actes dont il a eu la pleine initiative.

Le ministre est aux directeurs-généraux ce que le lien est au faisceau.

Régner;

Gouverner;

Administrer;

De ces trois termes consacrés, je n'en retranche aucun.

Le peuple, résumé dans l'Assemblée, règne;

Les ministres gouvernent;

Les directeurs-généraux administrent;

Les directeurs-généraux sont aux ministres ce que sont les colonels aux généraux de brigade.

Le général de brigade ou de division, en tournée d'inspection, n'intervient jamais dans le commandement ou l'administration d'un régiment que pour s'assurer que le commandement et l'administration du corps sont ce qu'ils doivent être.

Pareillement, le ministre n'intervient pas dans les rapports entre l'administré et le directeur-général.

Le ministre peut donc donner tout son temps aux affaires du pays.

Une ligne profonde de démarcation est ainsi tracée entre l'intérêt privé et l'intérêt public.

Ce dernier seul est du domaine des ministres.

Les projets de décrets ou de règlements, les décisions importantes sont délibérés en *Conseil supérieur d'administration publique.*

Les directeurs-généraux composent ce conseil.

Les réunions en sont générales ou partielles, selon que l'objet de la délibération exige que tous les directeurs généraux ou seulement quelques-uns soient appelés à y assister. Chaque réunion est présidée par le ministre qui l'a convoquée, ou en son absence par le président nommé à cet effet.

Par ces discussions au sein du *Conseil supérieur d'administration publique*, les directeurs généraux s'exercent à l'art d'exposer et de défendre leurs projets et leurs actes à la tribune nationale.

Les ministres, ainsi que les généraux qui commandent à des corps d'armée, ont tort lorsque personnellement ils s'exposent inconsidérément au feu du débat; il faut qu'ils se réservent pour les moments décisifs; ce n'est que dans les grandes circonstances et à la dernière extrémité, qu'ils doivent tout affronter pour sauver tout.

Les fonctions de directeurs-généraux, dans ce système, sont essentiellement militantes.

Ce sont des ministres du premier degré ; ce sont les contre-maîtres de l'atelier gouvernemental.

Ils sont, ils doivent être largement rétribués, afin que l'État ait la faculté de choisir des hommes capables, et ne soit pas condamné à se contenter des avortons du barreau, de la littérature, de l'industrie et du commerce.

Le salaire des ministres peut être faible ou nul, sans inconvénient, parce que les fonctions ministérielles ne doivent pas être une carrière, mais un acte de dévouement à ses idées, à ses convictions, à son pays; il n'en saurait être ainsi du salaire des directeurs-généraux.

Je comprendrais parfaitement que les ministres ne reçussent aucun traitement; je comprendrais parfaitement qu'ils ne reçussent que l'indemnité allouée aux représentants du peuple ; je ne comprendrais pas qu'on marchandât sur les appointements des directeurs-généraux.

Alors, une dotation nationale serait la récompense des ministres qui, à leur sortie des affaires, auraient été jugés par les représentants du pays l'avoir méritée.

Les ministres seraient *récompensés;* ils ne seraient pas *salariés!*

Ou je me trompe, ou il y a dans le rapprochement de ces deux mots le germe d'une grande pensée démocratique, un principe de stabilité tout nouveau.

Moins on rendra désirable la possession du pouvoir, et plus on l'élèvera ainsi au-dessus de la région des ambitions, des cupidités et des vanités subalternes.

Si grande que l'on mesure la responsabilité ministérielle, elle ne sera jamais assez grande qu'autant qu'elle parviendra à décourager la présomption et l'intrigue.

Au sein d'une société démocratique sans frein, l'exercice du pouvoir est placé entre ces deux alternatives : ou d'exiger des dévouements sans bornes, ou de provoquer des révolutions sans fin.

Si l'on veut mettre un terme aux révolutions, on voit donc ce qu'il y a à faire :

Écarter du pouvoir tout ce qui le rend facile et attrayant ;

Multiplier autour de lui tout ce qui le rend pénible et périlleux.

Je reviens aux questions que j'ai posées.

Pourquoi, sous les noms de président, de directeurs ou de comité, s'attacher à vouloir constituer un pouvoir supérieur et irresponsable ?

Où en est la nécessité, l'utilité ?

Qu'on me la démontre !

Sous la royauté constitutionnelle, qui faisait et défaisait les ministres ? — N'était-ce pas la majorité parlementaire ?

Selon que la majorité se déplaçait, le pouvoir changeait de mains..

Finalement, d'ou sortaient les ministres ?—D'un vote.

La royauté constitutionnelle n'avait d'autre fonction que de recueillir, de traduire, d'exécuter les arrêts du scrutin.

Est-ce donc là une fonction essentielle, un rouage indispensable ?

Deux révolutions, à dix-sept ans de distance, sont des faits qui montrent ce qu'il faut penser de l'inviolabilité royale garantie par la responsabilité ministérielle, de l'avantage des fictions et de la bonne foi des partis.

Qu'on ne me parle plus de la nécessité, de la solidité d'un rouage qui se brise au plus faible choc, qui n'est à l'épreuve d'aucune résistance.

Par cette maxime consacrée : le roi règne et ne gouverne pas, un roi constitutionnel ne devant rien faire, que fera de moins un président de la République ?

Je le demande.

S'il n'a pas d'autre fonction que celle de changer les ministres au gré de la majorité, n'est-il pas tout aussi simple que les ministres se retirent d'eux-mêmes après l'avoir perdue, et laissent la place à leurs rivaux victorieux dans le débat, et naturellement désignés par le vote?

Cela tranche les questions de savoir si le président sera élu pour trois, quatre ou cinq ans ou à vie, s'il sera élu par la nation ou par l'Assemblée ?

Cinq ans de présidence, c'est trop peu si le président élu a justifié la confiance mise en lui, s'il a prouvé qu'il était à la hauteur de sa tâche. Trois ans, si peu que ce soit, c'est trop encore s'il a déçu les espérances fondées sur son caractère et sa capacité, s'il a révélé qu'il fût au-dessous de sa mission.

Pourquoi assigner une durée fixe à ce qui n'en doit pas avoir?

Dans le système que je propose, l'Assemblée élit au scrutin le président du conseil.

Le président du conseil choisit ses deux collègues, le ministre des recettes et le ministre des dépenses.

Les ministres maintiennent ou changent les directeurs-généraux.

Le président du conseil garde le pouvoir pendant tout le temps qu'il conserve la majorité.

De la sorte, la nation n'est jamais condamnée à subir une incapacité démontrée, ou une ambition dévoslée.

La nation n'est jamais responsable que du choix de ies présentants.

Une seule chambre suffit, élue tous les ans.

Une seconde chambre serait sans objet; quelque

part qu'on en prenne les éléments, on n'en trouverait pas assurément qui valussent ceux du *Conseil supérieur d'administration publique.*

Tel que je le comprends et tel que je l'ai décrit (1), le rôle de ce conseil aurait une grande importance.

A deux discussions effleurées, je préfère une discussion approfondie.

La clarté et l'autorité des discussions, la dignité et l'intérêt du pays, n'auraient qu'à gagner, si, sans rétrécir la base du suffrage universel, le nombre des représentants était diminué.

Un représentant élu par circonscription de cent mille habitants, ce serait assez. Au-dessous de ce chiffre de cent mille habitants, il serait à craindre que l'élu ne retombât sous la dépendance de l'électeur : considération importante à peser.

Autre considération non moins importante : Dans une assemblée de 900 représentants, c'est la nullité qui domine, c'est la médiocrité qui fait, en réalité, la loi.

Dans une assemblée de 360 représentants environ (2), le nombre des médiocrités et des nullités étant moindre, le mérite et le savoir seraient plus en relief.

L'assemblée serait plus facile à présider et à diriger.

On perdrait moins de temps; on ferait plus de travail, et on le ferait meilleur.

On le voit, je reste fidèle au mot qui m'a toujours servi de guide : *simplifier.*

(1) Voir *Classification nouvelle des attributions ministérielles.*

(2) Le gouvernement d'un sénat de cent ou deux cents personnes, comme celui d'Athènes, de Sparte, de Rome, de Venise, de Gênes, est préférable. Il y a débat, discussion et plus de *solidité* dans les pensées, les principes, les affections.

NAPOLÉON : *Autographe précédant ses conversations religieuses.*

Je ne me dissimule pas cependant que ces idées que j'émets commenceront par rencontrer peu de sympathies et par soulever une multitude d'objections; c'est le sort de toute idée qui porte juste et loin.

Je me résume :

Point de constitution, car la souveraineté de fait est la meilleure garantie de la souveraineté de droit, cette garantie dispense de toute autre.

Des décrets ou des règlements successifs; car il est prudent de ne laisser à aucun nuage le temps de s'amasser, à aucune question le temps de s'aggraver.

Une seule chambre, peu nombreuse, mais élue tous les ans; car l'élection annuelle est le plus sûr moyen de déjouer les complots, d'anéantir les sociétés secrètes, de prévenir les révolutions périodiques.

Point de pouvoir supérieur et irresponsable; car tout pouvoir supérieur et irresponsable est placé entre ces deux écueils: demeurer inutile ou devenir absolu.

Un conseil composé de trois ministres responsables; car le pouvoir pour être fort doit être concentré.

Le président de ce conseil élu par l'Assemblée nationale, et résumant en lui tous les moyens de contrôle, de surveillance, et d'émulation; relations extérieures; police générale; télégraphes; statistique universelle; encouragements publics et récompenses nationales.

Trois sous-secrétaires d'État, remplissant les fonctions d'orateurs du gouvernement; car les trois ministres secrétaires d'État doivent être le moins souvent possible détournés du rôle important qui leur est assigné dans cette organisation, où ils représentent l'action, l'idée, l'initiative.

Des directeurs-généraux en aussi grand nombre que

le nécessitera et le permettra le principe de la division du travail, appliqué à la centralisation administrative; car le travail ne saurait être trop divisé.

Réunion des trois ministères et de toutes les directions générales dans un même édifice, vaste Louvre administratif qui renfermerait, conformément au plan que j'en ait fai dessiner en 1840, les trois administrations des Télégraphes, des Postes et de l'Imprimerie nationale, et dont l'une des faces pourrait être celle du palais de l'Assemblée législative.

Peut-être trouvera-t-on ces derniers détails minutieux; mais les détails sont à toute bonne organisation ce que les racines sont à l'arbre. Sans l'étendue et la profondeur de ses racines, le chêne séculaire ne résisterait pas à la violence des ouragans.

Le 24 février 1848, le gouvernement de 1830 n'eût pas été renversé d'un souffle, si, au lieu d'un drapeau inutile flottant au-dessus du dôme des Tuileries, un poste télégraphique (véritable attribut de la souveraineté) y avait été placé; si l'espace occupé par les canons et les caissons encombrant la place du Carrousel l'avait été par les casses et les presses de l'imprimerie royale, si quelques minutes avaient suffi pour tirer à grand nombre les proclamations écrites lentement à la main. Dans un atelier où le travail est bien ordonné, tout est prévu, et l'on n'y dédaigne aucune des dispositions matérielles propres à l'améliorer et à le faciliter.

Presque toujours les plus grands effets sont dus aux plus petites causes.

Les événements les plus importants sont ceux qui se décident le plus vite. Tout doit donc être organisé en conséquence de cette vérité acquise et tant de fois démontrée, qu'on s'étonne d'avoir encore à la rappeler.

Le Pouvoir est un mot qui ne signifie rien, s'il ne signifie pas la possession centralisée de tous les instruments propres à transmettre rapidement l'ordre suprême.

J'entends sans cesse répéter cette banalité : « *Il faut de l'unité dans le pouvoir.* »

Qu'est-ce que cela veut dire ?

Si cela ne signifie pas : « *souverain absolu,* » cela ne signifie rien.

C'est une expression vide de sens ; c'est une illusion dangereuse.

Ce qu'il faut, c'est l'unité dans l'administration.

L'*unité dans le pouvoir*, c'est l'unité de nom;

L'*unité dans l'administration*, c'est l'unité de fait.

Sachez constituer l'unité de fait, l'unité dans l'administration, et vous n'aurez plus besoin de créer aucun pouvoir supérieur et irresponsable !

---

14 Juin.

## Objections et réponses.

> « On croyait moins, mais on croyait trop encore, que les institutions humaines pouvaient être un pur ouvrage de l'esprit, et que la *constitution d'un peuple pouvait sortir faite de la tête d'un législateur.*
>
> » .... Il n'y a qu'un véritable législateur dans les temps modernes, c'est l'expérience. »
>
> (THIERS, *Histoire du Consulat et de l'Empire*, t. I, page 7, Constitution de l'an VII.)

« Soutenir que l'Assemblée nationale, en présence de la nation toujours debout et toujours vivante, n'a pas le droit de proclamer une *constitution immuable* cela se comprend à merveille ; mais prétendre que l'Assemblée spécialement élue pour faire la constitution, n'a pas le droit d'en faire une ; que ce serait dans tous les cas une œuvre inutile ; que des décrets, des lois, des réglements promulgués au jour le jour sont le seul exercice utile et légitime de la souveraineté, c'est un paradoxe... » Telles sont la concession et l'objection qui me sont faites, objection futile ! concession dérisoire !

En effet, si l'Assemblée n'a pas le droit de proclamer une *constitution immuable*, où puiserait-elle le droit de proclamer une *constitution à terme fixe?* Peu importe qu'on condamne l'avenir *à perpetuité* ou *à temps*, le droit de le condamner, s'il existe, est le même, il dérive de la même source. L'usage seulement en est différent.

Le reproche qu'on fait à la constitution anglaise, » c'est de *ne reposer sur aucune théorie*, de n'être qu'un » rassemblement de faits enregistrés à mesure qu'ils se » succédaient, sans lien et sans régularité (1). »

Le reproche peut être fondé ; mais à l'ombre de cette constitution dont on a dit : « *Elle ne va qu'en allant pas.* » toutes les libertés se développent et fleurissent en Angleterre, tandis que nos innombrables constitutions, *reposant sur une théorie*, sont impuissantes à nous garantir l'exercice d'aucun des droits les plus solennellement proclamés par elles.

Ce sont là des faits qu'on ne saurait nier; je demande qu'on me les explique!

Tant qu'on ne me les aura pas expliqués, je serai de l'avis de M. de Maistre, s'exprimant ainsi :

« Aucune constitution ne résulte d'une délibération : les droits des peuples ne sont jamais écrits, ou ils ne le sont que comme simples déclarations de droits antérieurs non écrits.

» Plus on écrit et plus l'institution est faible.

» Nulle nation ne peut se donner la liberté si elle ne l'a pas.

» Une assemblée quelconque d'hommes ne peut constituer une nation.

(1) CONSTITUTION, par M. Elias Regnault. *Dictionnaire politique.*

» Une des grandes erreurs du siècle qui les professa toutes, fut de croire qu'une constitution politique pouvait être écrite et créée *à priori*, tandis que la raison et l'expérience se réunissent pour établir que ce qu'il y a de plus fondamental et de plus essentiellement constitutionnel dans les lois d'une nation ne saurait être écrit.

» La véritable constitution anglaise est cet esprit public, admirable, unique, infaillible, au-dessus de tout éloge, qui mène tout, qui conserve tout, qui sauve tout; ce qui est écrit n'est rien. »

Je ne multiplie pas les citations, celles-ci suffisent.

Que signifie le mot : *Constitution?*

J'ouvre le Dictionnaire de l'Académie française, et je lis :

« *Charte ou loi fondamentale qui détermine la forme du gouvernement et qui règle les droits politiques des citoyens.* »

J'ouvre le *Dictionnaire politique*, publié par MM. Duclerc, Pagnerre et Garnier-Pagès (ce Dictionnaire, conséquemment, ne doit pas être suspect), et je lis :

« Nous sommes d'avais que les changements essentiels dans les formes de la constitution *ne doivent pas appartenir au pouvoir législatif ordinaire;* car ce pouvoir a surtout pour mission d'appliquer la loi existante, de développer les *principes* de la constitution; mais s'il s'agit de réformer ces principes, de les modifier dans leur essence, cette fonction importante ne devrait appartenir qu'à des *assemblées spéciales nommées par le peuple qui les investit de l'autorité constituante.* »

Ces lignes montrent en quoi réside la différence que met l'école républicaine en ce qui est du domaine de la *constitution* et ce qui est du domaine du *décret*. On ne peut donc pas m'objecter que j'exagère l'importance des mots.

Une différence essentielle, fondamentale existe entre ces deux termes :

Constitution,

Décret ou loi.

Le décret qui a été rendu, s'il rencontre des difficultés dans l'exécution, peut être rapporté, abrogé sans difficulté, sans solennité. Il suffit d'en appeler de la majorité législative, abusée par l'irréflexion, à la majorité législative, éclairée par l'expérience.

Je suppose, au contraire, une constitution parfaite dans toutes ses dispositions, à l'exception d'une seule disposition à la fois essentielle et inapplicable.

Que faire ?

L'assemblée purement législative n'ayant pas les pouvoirs nécessaires pour toucher à l'œuvre émanée de l'assemblée constituante, force sera de convoquer une assemblée spéciale, une nouvelle assemblée constituante.

Je suis donc fondé à dire :

Toute constitution est une complication.

J'ai là, sous les yeux, le recueil de toutes les constitutions françaises, avant et depuis 1789, et la collection de tous les projets de constitution que la République du 24 février a fait éclore :

Projet de constitution par Lamennais ;

Projet de constitution par A. Billiard ;

Projet de constitution par O. Rodrigues ;

Etc., etc., etc.

J'ouvre la constitution de 1793, que vois-je ?

Je ne m'arrête pas à la déclaration des droits de l'homme et du citoyen, qui à elle seule se compose de trente-cinq articles.

Je passe ;

Je m'arrête aux articles suivants :

« 58. Le projet est imprimé et envoyé à toutes les communes de la République sous ce titre : *Loi proposée.*

» 58. QUARANTE JOURS après l'envoi de la loi proposée, si dans la moitié des départements plus un, le dixième des assemblées primaires de chacun d'eux régulièrement formées n'a pas réclamé, le projet est accepté et devient *loi.*

» 60. S'il y a réclamation, le corps législatif convoque les assemblées primaires. »

Le propre de toute nouvelle constitution écrite est de se jeter plus ou moins dans l'inconnu. On ne peut le nier.

La constitution de 1793 n'a pas été mise à l'œuvre ; mais je suppose qu'on l'y mette ; voyons ce qui arrive : Les dispositions que je viens de citer rencontrent dans l'application des difficultés insurmontables, des difficultés qui sautent aux yeux ;

Une loi a été proposée, mais 100 sur 2,000 assemblées primaires, — proportion prévue par la constitution, — sont contraires à la loi proposée ;

Cependant les événements sont graves, ils pressent, il y a urgence, il y va du salut de l'État !

Que faire ?

Il n'y a que ces deux alternatives :

Ou violer la constitution ;

Ou convoquer une nouvelle assemblée constituante pour reviser l'œuvre de la précédente assemblée constituante ;

Mais si cette dernière assemblée constituante n'est pas mieux inspirée que sa devancière, si elle ne se borne pas à rectifier, si, à son tour, elle veut aussi innover, comment sortir de ce dédale sans issue?

Pendant tout le temps perdu ainsi à fabriquer des constitutions, le territoire national peut être envahi; la misère publique peut mettre en péril toutes les conquêtes de la civilisation.

Mais je laisse à l'écart le passé; je prends à partie le présent.

Je suppose que la dernière loi électorale du 10 mars, au lieu d'émaner du gouvernement provisoire, ait été inscrite dans la constitution. Eh bien, où en serions-nous déjà, aujourd'hui que nous avons pu voir quelles larges portes cette loi ouvre à la fraude et à tous les abus les plus graves?

A peine l'assemblée constituante se serait-elle dissoute, qu'une nouvelle assemblée constituante devrait être convoquée pour procéder à la révision de la constitution promulguée.

Ainsi s'explique tout naturellement comment nous avons vu tant de constitutions attester, par l'excès de leur nombre, l'excès de leur fragilité.

Que l'expérience du passé, que les lumières de la raison nous servent donc, enfin, à conjurer les dangers de l'avenir!

Que l'Assemblée nationale fasse des lois durables, fécondes, et ne fasse pas de constitutions précaires, stériles, qui nous livrent à la risée de l'Europe et aux sévérités de l'histoire, fondée à nous demander : Que voulez-vous donc?

Il est très-facile, assurément, d'écrire dans une constitution :

« La République française assure à tous les citoyens l'exercice de leur droit au travail; aux vieillards, aux enfans, aux infirmes, des moyens d'existence, et à tous des secours dans la maladie. » (Art. 27. *Constitution*, par Lamennais.)

Mais autre chose est d'écrire le précepte ou de le traduire dans l'application, autre chose est de faire une promesse ou de la réaliser.

Cette promesse, solennellement, sincèrement écrite dans la constitution, si l'organisateur qui doit la convertir en réalité ne se trouve pas, que devient la constitution? Que devient le gouvernement en présence de tous les travailleurs sans ouvrage, assiégeant ses portes, la constitution à la main? Voyez quelle est déjà sa piteuse attitude entre les deux fameux décrets du 25 février et du 4 juin, l'un étant la rétractation de l'autre!

Tout gouvernement qui promet plus qu'il ne peut tenir est un gouvernenement inconsidéré, déconsidéré, condamné.

C'est pourquoi tout gouvernement qui repose sur une constitution écrite est un gouvernement qui ne naît pas viable.

Il promet toujours plus qu'il ne tiendra.

Ayons donc enfin un peu moins d'illusions et un peu plus de mémoire et de bon sens!

---

On persiste à confondre deux choses essentiellement distinctes :

Une organisation et une constitution.

J'ai proposé une organisation; je n'ai pas proposé une constitution.

Une organisation peut successivement se modifier, s'amender, se simplifier, se perfectionner par la voie de la législation ordinaire.

Une constitution ne peut se modifier que par la convocation et le vote spécial d'une nouvelle assemblée constituante. Autrement, ce ne serait pas une constitution, ce serait une loi, ce serait un décret.

En résumé, qu'est-ce que je demande?

Je demande qu'une loi soit une loi, et qu'il n'y ait rien au-dessus.

Je ne comprends pas ces distinctions :

Loi fondamentale, ou constitution ;

Loi organique;

Loi.

Je demande que la loi, fondamentale, organique ou simple, du jour où elle a été reconnue défectueuse dans l'application, puisse être abrogée, modifiée ou amendée par les mêmes voies qu'elle a dû suivre pour être délibérée, discutée, votée.

Je demande que la loi tienne et ne promette pas, à la différence des constitutions qui promettent et ne tiennent pas.

Je ne m'oppose pas à ce que l'assemblée des représentants du peuple ait une base large et profonde ; ce à quoi je m'oppose, c'est à ce qu'il y ait deux sortes d'assemblées :

Assemblée constituante;

Assemblée législative.

L'une enchaîne nécessairement la liberté de l'autre.

Pourquoi deux rouages là où un seul suffit ?

Deux Assemblées avec deux caractères distincts exigent deux modes d'élection différents.

Pourquoi deux modes d'élection différents pour aller puiser à une source qui est la même ?

Est-ce qu'il y a deux degrés dans la souveraineté du peuple ?

Est-ce qu'il y en a une limitée et une autre plus étendue ?

Une bonne loi électorale sera déjà assez difficile à faire pour que l'on n'aggrave pas encore la difficulté ; contestera-t-on que ce ne soit pas aggraver la difficulté que d'avoir deux ordres d'électeurs : électeurs nommant une assemblée constituante ; électeurs nommant une assemblée législative ?

Il n'y a qu'un moyen d'arriver à une bonne loi électorale, c'est d'avoir une loi qui se prête à toutes les rectifications partielles et successives indiquées par l'expérience.

Or, c'est précisément un avantage dont on se prive et un danger que l'on crée en incrustant cette loi dans le tabernacle appelé constitution !

Toute loi, pour être stable, doit être essentiellement mobile.

Ceci n'est pas un paradoxe, mais une observation puisée dans l'étude des faits et du cœur humain.

Qu'on ouvre le *Bulletin des lois*, et l'on se convaincra que les constitutions, qui devaient toutes être éternelles, ne furent jamais qu'éphémères, tandis qu'au contraire, les lois dites de circonstance, c'est-à-dire celles qui devaient avoir la durée la plus courte, ont toujours été celles qui ont eu la durée la plus longue.

Pourquoi? — C'est que ces lois avaient pour base non une théorie, mais une nécessité.

Il suffit qu'on se soit interdit de changer une constitution avant un terme fixé pour qu'on ait le désir d'anticiper l'époque marquée.

L'esprit de l'homme est ainsi fait depuis que le monde existe.

Grave est l'erreur de ceux qui cherchent la stabilité dans l'immobilité; il faut la chercher dans la liberté!

La liberté est éternelle, l'abus est temporaire. Dès qu'on s'est dégoûté de l'abus, ce qui arrive assez vite, la liberté est fondée.

Ne privez le peuple d'aucun de ses droits, et de sa part la négligence sera plutôt à craindre que l'exagération.

C'est ce que je répète depuis quinze ans ; l'épreuve qui vient d'être faite du suffrage universel, m'a donné pleinement raison.

Faites des lois, faites-les aussi bonnes que possible, mais ne faites pas de constitutions!

Les constitutions ne vivent pas!

Voyez en Espagne, en Portugal, en Suisse et dans toutes les républiques de l'Amérique du Sud!

Une seule exception existe : la constitution des Etats-Unis; encore cette exception s'explique-t-elle par ce fait que la constitution ne fixe point le mode absolu d'élection pour les membres de l'une et de l'autre chambre; elle a respecté les lois, les traditions et les usages divers des différents Etats.

Si l'Assemblée nationale n'était pas tombée dans l'erreur commune, si elle n'avait pas cru qu'elle dût nécessairement faire une constitution, aussitôt après la vérification des pouvoirs de ses membres, elle aurait pu constituer régulièrement le gouvernement par un décret.

Il ne lui eût pas coûté plus de peine de choisir tout de suite, soit un président, soit trois consuls, soit cinq directeurs, soit un comité, soit enfin trois ministres responsables, que de nommer la commission du pouvoir exécutif, composée de cinq membres, laquelle, à son tour, a composé l'étrange ministère dont la faiblesse et l'obscurité resteront mémorables.

Sortir du *provisoire* par un *intérim*, c'était le prolonger sous un autre nom.

Il s'en est fallu de peu, de très-peu, que l'Assemblée nationale ne payât bien cher cette faute le 15 mai.

La constitution n'était pas faite qu'elle a failli être étouffée en germe !

Si, depuis un mois nous avions eu un pouvoir régulier, qui ne fût pas un pouvoir intérimaire, un pouvoir anarchique, un pouvoir sans nom, un pouvoir sans caractère, un pouvoir sans lien, un pouvoir sans responsabilité, il est à croire que la misère, qui n'a pas cessé de croître, se fût arrêtée, et qu'un peu de confiance fût enfin revenue.

Mais, loin de mettre un terme à l'anarchie, l'Assemblée nationale n'a fait que l'aggraver, sous prétexte de constitution.

Toujours en attendant la constitution, l'Assemblée nationale a consenti à ce que le gouvernement provisoire se retirât avant d'avoir rendu aucun compte d'aucune de ses usurpations, d'aucune de ses dilapidations; elle a fait plus, elle a fait pis, elle a assumé sur elle la responsabilité de cette combinaison baroque qui consiste dans la séparation du pouvoir en deux branches : — un pouvoir irresponsable, composé de cinq membres, et un autre pouvoir responsable, composé de neuf ministres; un pouvoir irresponsable, dont les membres sont représentants du peuple et siégent au sein de l'Assemblée, sur les bancs des ministres; un pouvoir irresponsable, enfin, composé de cinq membres qui, à peine nommé, s'attribue le droit, par un DÉCRET (1), de conférer à son secrétaire voix délibérative, ce qui, en réalité, porte de cinq à six le nombre des membres de la commission du pouvoir exécutif.

Anarchie! anarchie! anarchie!

Et l'Assemblée nationale n'a pas eu dans son sein un seul membre qui se levât et demandât compte de cet excès de pouvoir!

La commission exécutive a-t-elle donc un pouvoir supérieur à l'Assemblée nationale?

La commission exécutive, sans le concours de l'Assemblée nationale, peut-elle donc rendre un décret?

Si la commission exécutive a pu donner à son secrétaire voix délibérative, elle peut, s'il lui plaît, du même droit, dissoudre l'Assemblée nationale.

(1) Décret du 11 mai :

La commision du pouvoir exécutif,

*Décrète :*

Le citoyen Pagnerre, représentant du peuple, est nommé secrétaire du pouvoir exécutif, ayant *voix délibérative* dans le conseil des ministres.

Fait en séance; à Paris, le 11 mai 1848.

Les membres de la commission du pouvoir exécutif.

ARAGO, GARNIER-PAGÈS, MARIE,
LAMARTINE, LEDRU-ROLLIN.

Anarchie ! anarchie ! anarchie !

La commission du pouvoir exécutif, telle qu'elle existe, est une monstruosité politique.

Ce n'est pas une tête, ce n'est pas un corps.

Est-elle responsable ?

Ne l'est-elle pas ?

Si elle est responsable, pourquoi des ministres?

Si elle est irresponsable, à quel titre siége-t-elle sur les bancs de l'Assemblée nationale, à quel titre quarante représentants ont-ils le droit de l'appeler à la tribune ?

Pour qualifier la commission du pouvoir exécutif, pour la justifier, le rapport de M. Peupin fait au nom de la commission chargée d'examiner les diverses propositions relatives à la constitution du pouvoir exécutif intérimaire, n'a pas trouvé d'autre expression que celle-ci : « *C'est un intermédiaire.* »

Qu'il me soit permis de dire en passant que la commission, ayant pour rapporteur M. Peupin, était de mon avis, et qu'à la majorité de 14 voix contre 4 elle avait conclu au rejet de l'idée de former une commission du pouvoir exécutif.

Ce rejet, M. Peupin l'avait formulé en ces termes :

« L'Assemblée nationale actuelle réunit tous les pouvoirs, l'exécutif aussi bien que le législatif et le constituant. Tant que la constitution n'aura pas organisé, divisé et défini les pouvoirs, ils demeureront entre les mains de la représentation nationale, indivisible et solitaire, dans le sein puissant de son unité. Elle retient tout ce qu'elle doit retenir. Elle délègue ce qu'elle ne peut pas empêcher de déléguer, et elle se rapproche de son origine. Elle s'assimile à son essence, en transmettant directement une portion de cet immense pouvoir qui lui a été transmis directement à elle-même par le peuple.

» Quelle idée de sa grandeur, de sa puissance et de sa souveraineté n'allez-vous pas donner au peuple, lui qui a gémi pendant tant de siècles sous le joug d'un gouvernement indépendant et propre, lorsqu'il apprendra que c'est lui, car vous c'est lui, qui vient de nommer les ministres !

» Pourquoi, d'ailleurs, cette superfétation, ce double emploi, ce rouage inutile, ce vote direct? En quoi une commission exécutive serait-elle plus intelligente et plus apte que vous ne l'êtes? Y aurait-il plus d'homogénité en elle qu'en vous? Les ministres ne doivent-ils pas être, n'ont-ils pas toujours été l'expression des opinions et de la volonté de la majorité? et pourquoi cette majorité ne dirait-elle pas tout de suite et directement ce qu'on voudrait lui faire dire, plus tard, indirectement et par d'autres? »

Pourquoi ces conclusions, parfaitement déduites, du rapport présenté par M. Peupin, n'ont-elles pas été adoptées?—C'est que l'Assemblée nationale aura reculé devant la difficulté et la responsabilité de nommer directement au scrutin individuel et à la majorité absolue DIX ministres responsables (1).

Vraisemblablement, l'Assemblée nationale eût adopté le principe, si la commission se fût bornée à lui proposer d'élire un président du conseil, lequel aurait été

(1) *Projet de décret adopté à la majorité de 14 voix contre 4 :*
« L'Assemblée nationale nommera directement au scrutin individuel, et à la majorité absolue, neuf ministres responsables et révocables, qui, réunis sous la présidence d'un dixième ministre sans portefeuille, également élu par elle, formeront un Conseil, et qui rendront compte à l'Assemblée de leur gestion. »

chargé, sous sa responsabilité, de choisir et de nommer ses collègues.

C'était l'idée simple, c'était l'idée juste.

M. de Lamartine, ministre des affaires étrangères, eût été très-probablement élu président du conseil.

A ce titre, il aurait pu, sous sa responsabilité, écarter ou conserver qui il aurait voulu parmi ceux de ses anciens collègues du gouvernement provisoire.

Il eût continué de siéger sur son banc, en sa double qualité de représentant du peuple et de ministre responsable président du conseil,

Croit-on que cette organisation, bien qu'encore trop compliquée, n'eût pas mieux valu que celle qui a été adoptée?

Assurément oui.

Eh bien! ce que je propose, c'est cette même organisation simplifiée, c'est la réduction de neuf à trois du nombre des ministres, en même temps que l'augmentation du nombre des directeurs-généraux.

Augmenter le nombre des directeurs-généraux, le porter à 60, à 100 s'il le faut, est un moyen de diviser le travail, et de former une pépinière d'administrateurs assez abondante pour que le gouvernement soit toujours certain d'y trouver des ministres capables et expérimentés.

Réduire le nombre des ministres est un moyen de concentrer l'autorité et de diminuer la consommation des hommes d'état.

Par la même mesure, diminuer la consommation des hommes d'état et en augmenter la production, ce qui équivaut à une plus grande étendue donnée à la faculté du choix, assurément ce serait déjà une amélioration importante, mais ce ne serait pas la seule qui résulterait de l'adoption de notre système.

La réduction du nombre des ministres de neuf à trois a encore un autre avantage; c'est de rétablir l'équilibre entre les *recettes* et les *dépenses*, équilibre qui n'existe pas lorsque le ministre des finances est tout *seul* à tenir tête à *huit* ministres dépensiers.

C'est le cas de dire :

Que vouliez-vous qu'il fît contre huit?...

Ainsi s'expliquent fort naturellement le débordement des dépenses et l'accroissement de la dette publique, malgré trente années de paix, par le défaut d'équilibre entre les recettes et les dépenses.

Comment établir cet équilibre?

En réunissant dans la même main tous les services publics, seul moyen de parvenir à les pondérer.

Autrement on y parviendra jamais.

Chaque département ministériel tirera toujours à lui le plus qu'il pourra.

Pour obvier à cet inconvénient, en Angleterre qu'a-t-on fait? — On a fait du premier lord de la trésorerie le principal personnage du cabinet, et presque toujours autrefois le premier lord de la trésorerie était en même temps chancelier de l'échiquier.

Et encore convient-il de remarquer qu'en Angleterre la centralisation administrative n'existe pas. C'était donc une raison de plus pour qu'en France on fortifiât le ministère des finances. Le seul ministre qui ait compris cette nécessité a été M. de Villèle; aussi est-ce sous son ministère que les finances de la France ont été dans la situation la plus prospère. Cette justice lui est due.

On s'étonne qu'un esprit aussi lucide que M. Thiers se soit obstiné à vouloir faire flotter sur l'hôtel du ministère des affaires étrangères le drapeau de la présidence du conseil. Sans cette aveugle opiniâtreté, peut-être les événements, depuis trois ou quatre ans, eussent-ils suivi un autre cours. Il est permis de le penser.

La gravité de la situation contre laquelle la France se débat est un fait qui n'est contesté par personne. On n'aperçoit aucune issue, on se demande : comment en sortir? Comment?... — par la porte qui s'ouvre d'elle-même.

La plus grande difficulté que rencontrera toujours, parmi nous, l'établissement de la République, viendra précisément de ce que l'on croirait, au contraire, devoir en aplanir les obstacles. Je veux parler du sentiment d'égalité.

Ce sentiment est tel, qu'il se révolte à l'idée de voir un simple citoyen, sorti de nos rang, s'élever à une trop grande hauteur au-dessus de nos têtes.

Qu'il soit ministre, on le comprend à la rigueur, parce qu'il y a là travail et responsabilité; mais président de la République, pouvoir supérieur, pouvoir irresponsable, on ne le comprend pas.

Donc, si l'on veut la République, il faut abandonner l'idée de la présidence, il faut chercher un autre mode de constitution du pouvoir. En est-il un plus simple dans le jeu de ses ressorts, que celui que j'ai indiqué?

Qu'on l'examine avec soin :

Le président du conseil est l'arbitre qui décide entre ces deux adversaires naturels : la ***Recette*** et la ***Dépense***, représentés par le ministre des recettes et le ministre des dépenses.

Du côté où il se range il fait pencher la balance.

Tous les moyens de s'éclairer, tous les moyens d'exercer un contrôle efficace lui sont donnés.

Il est élu par l'Assemblée nationale, mais il a le droit de nommer, conséquemment le droit de révoquer ses collègues.

L'unité dans le pouvoir existe donc.

Sans doute il en pourrait abuser ; mais existe-t-il un pouvoir suprême qui soit exempt de ce risque?

Un roi constitutionnel peut proclamer le pouvoir absolu ; un président de la République peut de son fauteuil faire un trône !

Mais un président du conseil responsable serait-il donc plus difficile à renverser, en cas d'usurpation, qu'un président de la République irresponsable ?

Non, assurément. Eh bien ! que l'on me dise quelle garantie offre la superfétation d'un pouvoir irresponsable?

On veut un président de la République. Soit. Comment le fera-t-on élire? Par l'Assemblée ou par la Nation?

S'il a été élu par la Nation, et si la Nation, cédant à un mouvement d'engouement, s'est trompée dans son choix, quelle sera vis-à-vis de lui l'attitude de l'Assemblée législative?

Avec un président du conseil des ministres élu par l'Assemblée nationale, tout est simple, tout se décide par la discussion, par le scrutin, par la majorité.

A côté de l'erreur commise, est le moyen de la réparer.

Il n'y a pas de durée fixée d'avance.

Il n'y a pas deux pouvoirs rivaux mis en présence : l'un irresponsable, l'autre responsable.

Le peuple règne :

Les ministres gouvernent ;

Les directeurs-généraux administrent ;

Ils administrent, mais sous la responsabilité ministérielle.

Cette organisation n'a pas la prétention d'être une invention, une idée neuve ; elle n'a qu'une prétention, c'est d'être une simplification, une idée juste.

Preuve : c'est que si l'Assemblée nationale l'adoptait, un seul jour suffirait pour donner à la France ce dont la France manque : un gouvernement.

---

18 Juin.

## La constitution est faite.

« Les droits de l'homme étaient dans la tête de Solon ; il ne les écrivit point, mais il les consacra et les rendit pratiques.

» ... La liberté ne doit pas être dans un livre ; elle doit être dans le peuple et réduite en pratique. »

(St-Just, *Moniteur*, 1793, p. 510.

Elle est faite en deux lignes et cinq mots.

RÉPUBLIQUE FRANÇAISE.

LIBERTÉ, ÉGALITÉ, FRATERNITÉ.

Ces cinq mots disent tout.

Ce qu'on y ajoutera ne fera que restreindre la portée et en affaiblir le sens.

*République française !* Cela comprend toutes les combinaisons propres à développer cette forme de gouvernement.

*Liberté!* Cela veut dire applanissement de tout obstacle à l'exercice des droits de tous, entier développement des facultés de chacun. C'est le point de départ.

*Egalité !* Cela signifie abolition de tous les privi-léges sociaux ; admission de tout citoyen à justifier ses prétentions. C'est le point d'arrivée.

*Fraternité !* Cela résume en un mot tout le nouveau droit social, tous les rapports qui doivent exister de peuple à peuple, tous ceux qui doivent s'établir entre le crédit et le travail, toute la chaîne d'institutions de prévoyance et d'établissements de secours qui désormais doit unir étroitement la religion et la législation, faire servir l'une à l'application des préceptes de l'autre.

La constitution, ainsi résumée, est faite... mieux faite qu'on ne la fera.

Elle pourra être plus longue, mais elle ne pourra pas être plus complète.

Plus on s'efforcera de tout prévoir, et plus on aggravera le danger d'une seule omission.

La constitution étant faite et bien faite, il ne reste plus à l'Assemblée nationale qu'à constituer le gouvernement.

Ce serait l'affaire de deux séances si l'Assemblée formulait en décret ce qui suit en substance :

Le peuple règne ;

Les ministres gouvernent ;

Les directeurs-généraux administrent.

Il y a trois ministres :

Le président du conseil ;

Le ministre des finances publiques ;

Le ministre des services publics.

Le président du conseil est élu au scrutin par la majorité des représentants du peuple ;

Il choisit ses collègues ;

Chacun des trois ministres nomme, sous sa responsabilité, les trois sous-secrétaires d'Etat et les directeurs-généraux qu'il juge à propos de s'adjoindre.

Aucune incompatibilité n'existe entre les fonctions de ministres secrétaires d'état, de sous-secrétaires d'état et de directeurs-généraux et celles de représentant du peuple.

Les ministres apportent à l'Assemblée législative les projets de décrets dans les formes prescrites par le règlement.

Ils dressent le budget des recettes et des dépenses de l'État.

Le droit d'initiative appartient à tous les membres de l'Assemblée.

Que l'on suppose les dispositions essentielles qui précèdent converties en décret, et ce décret promulgué, le lendemain, l'Assemblée nationale peut procéder à la nomination d'un président du conseil des ministres.

Cette élection faite, le président élu choisit ses deux collègues.

Le gouvernement, un gouvernement simple, fort, débarrassé de toute complication, dégagé de toute fiction, est constitué.

Le lendemain, le ministère, d'accord avec l'Assemblée, la proroge à trois ou quatre mois.

Il emploie activement ces trois ou quatre mois à relier entre elles toutes les parties du nouvel appareil administratif, et à lui imprimer un mouvement régulier ; à opérer toutes les économies nécessaires ; à poursuivre tous les abus découverts ; à étudier enfin toutes les questions éparses arrivées à maturité, à les coordonner de telle sorte, que l'Assemblée nationale, à son retour, ait à voter sur un ensemble de mesures conçues dans un esprit d'unité, au lieu de s'égarer, comme elle le fait, dans un dédale de décrets, où il est impossible de la suivre, et où elle se perd elle-même, avec les plus louables intentions.

Mais à l'adoption de ce système, qui offre la seule issue par laquelle l'Assemblée nationale, la commission exécutive et le pays puissent sortir sûrement du défilé étroit et périlleux où ils sont engagés, à l'adoption de ce système, il y a une objection grave.

Je l'ai prévue.

On objectera que ce système a été présenté en dehors de l'Assemblée nationale, et en dehors de la commission de constitution ; on objectera qu'il est de mon invention.

A cette objection, j'apporte une réponse victorieuse.

Le système qui précède a été exposé et soutenu en 1793, par Anacharsis Clootz, ainsi qu'on pourra s'en convaincre en se reportant à la page 309 du *Moniteur* de cette même année, où on lit ce qui suit :

« Il n'y a proprement qu'un seul pouvoir, celui du » peuple souverain. Toutes les distributions ne sont » que des agences, des devoirs.

» *Quel inconvénient y aurait-il de composer le conseil* » *exécutif des ministres eux-mêmes? Où trouvera-t-on un* » *meilleur corps électoral pour le choix des ministres que* » *l'Assemblée législative?* Je ne connais aucune objection » victorieuse contre ce *mode salutaire.*

» Notre organisation, perfectionnée par l'union uni-

» verselle, nous dispensera d'avoir un jour ce qu'on
» appelle un *gouvernement*. La législature composée
» d'un ou deux députés par département sera plus que
» suffisante pour surveiller le petit nombre d'adminis-
» trations que le progrès de la civilisation tendra de
» plus en plus à diminuer encore. »

---

21 juin.

## Coup-d'œil jeté sur la constitution de 1848.

> Il ne suffit pas d'imaginer un gouvernement parfait, il faut surtout un gouvernement praticable, d'une application facile et commune à tous les états; loin de là, on nous présente aujourd'hui des constitutions inexécutables et excessivement compliquées.
>
> ARISTOTE.

### I.

L'avant-projet de constitution, fruit d'un mois de délibérations, aurait été rédigé pour donner raison à toutes nos observations sur l'inutilité et le danger d'une constitution écrite, que commission et rédacteur ne s'y fussent pas mieux prêtés.

Que nos lecteurs jugent! Nous en appelons à leur bon sens, et à leur bonne foi.

Dans toute cette constitution, pas une inspiration; dans ce firmament, pas une étoile; dans ce nuage, pas un éclair!

La constitution de 1791, celle de 1792, celle de 1795 disaient : *En présence de l'Etre suprême ;*

La constitution de 1848 dit : *En présence de Dieu.*

Cette différence est ce que nous avons de mieux à signaler.

Dans la constitution de 1793, l'égalité avait le pas sur la liberté ; dans la constitution de 1848, c'est la liberté qui a le pas sur l'égalité !

Grave question ! Le moins qu'elle doive prendre de temps à débattre, ce sera deux séances. La liberté avant l'égalité ! Est-il bien sûr qu'il n'y ait pas dans ce renversement des termes un complot, un attentat, tout au moins une tendance coupable ?

La liberté dans la constitution de 1848 est définie : *le droit d'aller et de venir.*

Dans la constitution de 1791, la liberté était définie, le droit *d'aller*, DE RESTER, *de partir.*

Voilà donc un droit qui s'est perdu dans le trajet de 1791 à 1848 !... le droit de *rester.*

Cela veut-il dire que l'immobilité est interdite ?

Puisqu'on faisait tant que de porter au compte ouvert des libertés publiques le droit *d'aller et de venir*, pourquoi n'y avoir pas mis le *droit de dormir ?*

C'est ainsi que l'on commence par rendre la Constitution ridicule !...

Passons :

La *sûreté* est garantie. Elle l'était aussi par l'article 8 de la constitution de 1793 ; cette garantie a-t-elle empêché les têtes de tomber ?

L'*instruction* est garantie. Elle l'était également par l'article 3 de la constitution de 1791 et l'article 22 de la constitution de 1793. On a vu comment la promesse avait été tenue. Aucune cependant n'était plus essentielle, car l'instruction est au prolétaire ce que la liberté est à l'esclave. Celle-ci émancipe le corps, celle-là émancipe l'intelligence.

Le *travail* est garanti. Comment! C'est ce qu'il était essentiel de dire; mais c'est ce que ne dit pas, et pour cause sans doute, la constitution de 1848. A ce sujet, elle est plus vague encore que l'art. 21 de la constitution de 1793, ainsi conçu :

« La société doit la subsistance aux citoyens malheu-
» reux, soit *en leur procurant du travail*, soit en assurant
» les moyens d'exister à *ceux qui sont hors d'état de*
» *travailler.* »

1793!... Comptez donc sur les garanties écrites dans les constitutions!

La *propriété* est garantie. Ce sont les mêmes termes que l'article 16 de la constitution de 1793; un seul mot a été intercallé entre *travail* et *industrie*, c'est le mot *intelligence*. L'article 8 de la constitution de 1795 était plus énergique, il disait : « Sur le maintien des pro-
» priétés repose tout l'ordre social. »

L'*assistance* est garantie. L'art. 21 de la constitution de 1793 avait déclaré les secours publics une *dette sacrée!* Cela montre à quel point obligent les dettes ainsi contractées, et quel crédit méritent les prétendus pactes sociaux.

Ce qui précède suffit pour prouver que le présent n'a fait aucun emprunt à l'avenir, et que tout ce qu'il a pris, il l'a dérobé au passé, à un passée sans durée, conséquemment sans crédit et sans prestige.

L'expérience de soixante années est donc une torche qui aura brûlé sans éclairer!

C'est inutilement que l'expérience aura montré que les assemblées trop nombreuses nuisaient à la bonne et prompte confection des lois (1); le nombre des représentants est fixé à 750; ce nombre est porté à 900 pour les assemblées qui reviseraient la constitution.

Pourquoi le chiffre de 900 dans un cas et de 750 seulement dans l'autre? Cette différence repose-t-elle sur une raison solide? je défie qu'on en donne une. Dira-t-on qu'il y a plus de lumières dans une assemblée de 900 personnes que dans une assemblée de 750? Alors pourquoi l'assemblée n'est-elle pas toujours de 900 membres? Dira-t-on, au contraire, que dans une assemblée de 750 membres les discussions sont plus faciles à suivre que dans une assemblée de 900 membres; alors pourquoi élever le chiffre quand il s'agit de questions décorées de ce nom solennel *questions fondamentales?* Soit que l'on adopte l'une ou l'autre de ces deux explications, il y aura contradiction entre elles.

Mais qu'importe une contradiction de plus ou de moins!

Est-ce qu'il n'y a pas une contradiction flagrante entre l'art. 15 et les art. 16 et 17?

L'art. 15 est ainsi conçu :

« L'élection a pour base la population. »

La population est un élément essentiellement variable; comment accorder deux principes qui se repoussent? Comment concilier deux nombres : l'un progressif, l'autre fixe? Comment accorder le chiffre fixe de 750

(1) Aux États-Unis, le nombre des membres de la chambre des représentants n'est que de 259.

représentants avec le chiffre progressifdes électeurs ?

L'art. 16 est donc un non-sens. Il faut le rayer.

L'art. 23 est ainsi concu : « La *loi électorale* désignera » les fonctionnaires qui ne peuvent être élus dans le » ressort territorial où ils exercent leurs fonctions. » Pourquoi remettre à statuer sur ce point, quand la constitution prend la peine de statuer sur le maire de Paris, sur le préfet de police, sur le commandant de la garde nationale de la Seine? Ou il faut tout prévoir, ou il faut ne rien prescrire.

Art. 34. De cet article il résulte qu'il y aura incompatibilité entre les fonctions de directeurs-généraux et celles de représentants du peuple. Ce seul article, s'il devait subsister, suffirait pour faire condamner le projet tout entier de constitution.

La France est vouée à l'impuissance et à la décadence si la nécessité de concentrer l'autorité, de diviser le travail et d'étager la responsabilité n'est pas enfin reconnue et proclamée. Ne voyez-vous donc pas que tous les ministres qui se succèdent se consument en vains efforts! Autant vaudrait les atteler à l'arc de triomphe de l'Etoile et leur demander de le traîner jusqu'à la place de la Révolution ! Autant vaudrait essayer de faire la guerre avec des généraux de division et point de colonels ! Autant vaudrait essayer de conduire une grande fabrique sans contre-maîtres ! Cet article 34 suffit pour montrer tout de suite que tout esprit d'organisation était absent des dix-sept têtes dont le projet de constitution est sorti.

Vive l'art. 40! Il nous apprend enfin qu'elle différence il y a entre un décret et une loi. Il y a longtemps que nous la cherchions sans la trouver. « *Un décret n'a* » *rapport qu'à des intérêts locaux et privés.* »

Que va dire la Providence de cette façon d'interpréter et de définir ses décrets?

Quels noms nouveaux vont prendre tous les décrets rendus par le gouvernement provisoire? Décrets qui abolissent la chambre des pairs, la royauté, les titres de noblesse, le serment, la peine de mort en matière politique, les lois de septembre, le travail dans les prisons, la contrainte par corps, l'esclavage aux colonies, etc., décrets qui instituent la République, le gouvernement provisoire, le suffrage universel, etc. Seraient-ce donc là des *intérêts locaux et privés?*

Ce même article 40 déclare que la présence de la moitié plus un des membres de l'Assemblée est nécessaire pour la validité du vote des lois. En Angleterre, pays où le bon sens règne et gouverne. la présence de 40 membres suffit pour former le *quorum* fixé.

L'article 41 dit qu'aucun projet de loi ou de décret, sauf le cas d'urgence, ne sera voté qu'après trois lectures. C'est ce qui s'appelle vouloir tenir une porte ouverte et fermée. Toutes les fois qu'on voudra éluder la garantie des trois lectures, on en sera quitte pour déclarer qu'il y a urgence. Voilà tout! Les garanties puisées dans la nécessité de trente jours de réflexion et de trois épreuves sont donc entièrement illusoires.

Qui ne sait que les *lois* dites d'*urgence* sont presque toujours les plus importantes! Les lois de septembre, en 1835, de la régence, en 1842, furent votées d'urgence! Les lois de septembre ont vécu 13 ans, et il a fallu pour les abroger une révolution.

Art. 45. Le président est nommé par le suffrage

direct et universel, au scrutin secret, et à la majorité absolue des votants. . . . . . . . .

Et si du scrutin direct, universel et secret, allait sortir le nom de l'un des prétendants?

A-t-on prévu cette éventualité, cette complication, ce conflit entre la souveraineté déléguée à 900 représentants, et la souveraineté exercée par dix millions d'électeurs?

Aurait-on compté, pour écarter cette éventualité, sur l'audace de la fraude et sur l'impunité de l'intimidation? Nous avons vu à l'œuvre le commissaire central; serions-nous destiné à voir lui succéder le commissaire spécial, nouveau personnage proconsulaire envoyé dans les départements pour y prendre toutes les mesures propres à empêcher qu'il ne sorte du scrutin un autre nom de président que celui désigné? Nous avons vu le rôle qu'ont joué les bulletins imprimés sur papier de couleur différente, ce qui rendait complétement illusoire le secret du scrutin; sommes-nous destinés à voir le même scadale se renouveler, et le nom des prétendants à la présidence imprimés sur des bulletins à la couleur de chacun d'eux?

La Constitution se compose de 139 articles; assurément, c'est rester en deçà de la vérité que de supposer que le plus tôt qu'elle puisse être votée, ce sera le 1er août. Pour qu'il en soit ainsi, il faudra que l'Assemblée vote au moins quatre articles par jour. En admettant que la Constitution soit votée et promulguée à cette époque, ce sera tout au plus si l'élection du président pourra avoir lieu le 1er septembre.

Encore soixante-dix jours d'attente, d'incertitude,

pendant lesquels le travail et le crédit achèveront de rendre leur dernier souffle, pendant lesquels le danger de la misère publique continuera de s'accroître et de mettre tout en question : — fortunes, libertés, existences, nationalité, civilisation.

D'ici au 1er septembre, une seconde journée du 15 mai peut être tentée, et après avoir échoué la première fois, réussir la seconde !

Est-ce qu'il n'y a pas à traverser la difficile épreuve du procès des auteurs de l'attentat du 15 mai, une autre épreuve non moins grave, celle du banquet à 25 centimes, remis au 14 juillet ? Est-ce que l'imprévu a donné sa démission et a cessé de jouer le premier rôle sur notre scène politique ?

C'est donc une haute et grave imprudence que de perpétuer ainsi le provisoire et que de vouloir faire vivre pendant six mois, au moins, dans l'agonie de l'attente, une nation de trente-six millions d'habitants.

D'espérances en espérances toujours déçues, on finit par rouler dans l'abîme. Jusqu'au 4 mai, on a supporté soixante-douze jours d'anxiétés et de privations en se disant : Cet état de choses aura son terme le jour où se réunira l'Assemblée nationale. Illusion ! L'Assemblée nationale est réunie depuis plus de quarante jours, et cet état de choses est resté le même. Plus tard on s'est dit : Il faut attendre la Constitution ! Même déception ! Maintenant on répète : Il faut attendre l'élection du président. Illusion ! illusion ! illusion !

Quand le président aura été nommé, il y aura un président de plus, mais il n'y aura rien de changé. C'est ce qu'il faut qu'on sache bien, afin de ne pas continuer à perdre inconsidérément un temps précieux.

« Art. 44. Pour être nommé Président, il faut être né Français et âgé de trente ans au moins. »

Si nous avions eu besoin d'une preuve à l'appui de cette vérité, « *toute constitution est par elle-même une limite,* » cette preuve, nous la trouverions dans cet article 44, qui impose à la souveraineté du peuple une borne que l'histoire et la prudence ne permettent pas d'y laisser placer.

Alexandre n'avait que vingt-deux ans lorsqu'il fût nommé généralissime contre les Perses.

Scipion n'avait que vingt-quatre ans lorsqu'il fut chargé du commandement des armées romaines.

Annibal n'avait que vingt-six ans, lorsqu'il franchit les Alpes et porta la guerre en Italie.

Pitt n'avait que vingt-cinq ans lorsqu'il fut promu, en 1784, au ministère.

Bonaparte, lorsqu'il sauva la Convention au 13 vendémiaire, n'avait que vingt-six ans; il n'avait que trente ans et trois mois lorsque, le 24 décembre 1799, il se fit nommer premier consul,

Un représentant du peuple, âgé de moins de trente ans, qui, d'ici à l'élection du président de la République, par un trait d'héroïsme ou de génie, sauverait, dans un jour de péril, la représentation nationale, les libertés publiques, fût-il nommé même par dix millions d'électeurs président, ne pourrait pas en exercer les fonctions, attendu les termes de l'article 43 de la Constitution !

Avec une Constitution écrite et une disposition analogue, Guillaume III eût été écarté en Angleterre : que fût alors devenue la révolution de 1688, à laquelle ce pays a dû les libertés et la grandeur dont il jouit, qui pourrait le dire? Qui pourrait dire et prévoir quelles extrémités, quelles nécessités ne naîtraient pas, en France, de la guerre civile, si elle éclatait parmi nous? Pourquoi donc limiter inutilement la souveraineté nationale? Pourquoi enlever à l'avenir ses droits?

« Art. 60. Le président reçoit un traitement de 600,000 fr. par an. »

C'est juste ce qu'il faut pour mettre en mouvement toutes les ambitions subalternes, pour tenter la cupidité de tous les impuissants, pour défrayer toutes les vanités mesquines, pour rendre ridicule la représentation démocratique; ce n'est pas assez pour lui imprimer la solennité, c'est trop pour conserver la simplicité. Que fera le président de la République de son traitement de 600,000 francs? Les portes de ses salons demeureront-elles fermées? Si elles s'ouvrent, à qui s'ouvriront-elles? La République française ayant pour dogme l'égalité, la fraternité, tous les Français étant électeurs et le peuple étant souverain, où s'arrêtera la limite entre ceux qui seront admis aux réceptions officielles du président de la République et ceux qui en seront exclus? Affichera-t-on à la porte de la présidence un règlement qui prescrira l'habit et le chapeau et qui proscrira la veste, la blouse et la casquette, comme autrefois à l'entrée des grilles du jardin des Tuileries? Cette question est sérieuse, très-sérieuse. Profonde serait l'erreur de ceux qui traiteraient de futile cette objection et qui la tourneraient en dérision! En France, la lutte existe bien moins entre le pouvoir et la liberté qu'entre l'Égalité expectante, dont le véritable nom est Envie, et l'Egalité satisfaite, qui se transforme en Vanité. Qui veut la fin doit vouloir les moyens. Eh bien! si l'on veut que la République s'établisse en France, fleur de démocratie greffée sur une vieille tige monarchique, il n'y a pas à hésiter, il faut y réduire le gouvernement à son expression la plus simple ; le gouvernement n'y doit faire que de l'administration exempte de toute représentation, de toute pompe, de toute étiquette ; il ne doit y avoir que des ministres ; il n'y faut pas de président. Autrement, les questions de susceptibilités et de prétentions ne tarderont pas à se poser et à arborer leurs drapeaux, sous l'apparence la plus frivole, il est vrai, mais la plus dangereuse.

Vous verrez que la présidence, aux appointements de 600,000 francs, sera l'écueil contre lequel viendra se briser la République du 24 février!

Écartons rapidement, pour en finir avec le chapitre III, toutes les dispositions secondaires, et arrivons à l'art. 66.

Cet article est ainsi conçu :

« Le président, les ministres, les agents et dépositaires de l'autorité publique, sont *responsables*, chacun en ce qui le concerne, de tous les actes du gouvernement et de l'administration.

» *Une loi déterminera les cas de responsabilité*, les garanties des fonctionnaires et le mode de poursuite. »

Comment, vous faites une constitution qui entre dans les détails les plus minutieux, et cette constitution renvoie à statuer à une loi pour les seuls cas qu'il fût très-important et très-urgent de régler : le cas où commencera et où s'arrêtera la responsabilité du président; le cas où commencera et où s'arrêtera la responsabilité des ministres !

En effet, s'il existe un danger imminent, ce danger est dans l'absence de toute responsabilité rigoureusement définie des dépositaires du pouvoir.

Avant qu'une loi ait déterminé les cas de responsabilité, un ambitieux aura dix fois le temps de s'élever au rang d'usurpateur, des ministres téméraires auront cent fois le temps de compromettre l'avenir du pays, des mains infidèles auront mille fois le temps de consommer la ruine de la fortune publique.

Les auteurs de l'avant-projet de constitution ne se seraient-ils donc pas souvenu que le gouvernement de juillet est tombé le 24 février 1848, avant que les chambres législatives aient voté la loi sur la responsabilité des ministres et des autres agents du pouvoir, loi solennellement promise par l'article 69 de la Charte du 9 août 1830 ?

Dix-huit années n'ont pas été un temps suffisant à cette tâche !

Consacrez donc deux mois, qui valent dix ans, à fabriquer et à discuter des constitutions qui ressemblent à des portes solidement construites pour se garder des voleurs, et auxquelles on ne mettrait pas de serrures !

---

17 Août.

## Coup-d'œil jeté sur la constitution de 1848.

### II.

> Tout ce qu'on a appelé jusqu'à ce jour *Constitution*, en était tout le contraire. Je ne peux mieux comparer une constitution qu'à un vaisseau ; si vous abandonnez votre vaisseau au vent avec toutes ses voiles, vous ne savez où vous allez, vous changez au gré du vent qui vous pousse ; mais, au contraire, si vous vous servez de votre gouvernail, vous allez à la Martinique malgré le vent qui vous mène à Saint-Domingue.
>
> NAPOLÉON.

Par le temps dont les coups d'ailes emportent les trônes, balayent les institutions et bouleversent toutes les idées, il n'est pas prudent de laisser plus d'un jour en suspens un travail commencé. « D'ici au 1er septembre, écrivions-nous, le 21 juin une seconde » journée du 15 mai peut être tentée !... » Deux jours ne s'étaient pas écoulés que ce sombre pressentiment s'était réalisé. Or, la foudre en éclatant n'a pas éclairci la nuée. Jamais l'horizon ne fut plus noir, jamais l'orage ne s'annonça plus violent. Hâtons-nous donc de terminer le rapide examen que nous avons entrepris.

Nous en sommes restés au chapitre IV ; il est intitulé : *Du Conseil d'Etat.*

S'il est vrai, comme on l'a dit, que la commission de constitution ait cherché à faire du Conseil d'Etat un mécanisme analogue à celui qui sert à enrayer les voitures sur les pentes dangereuses, il est fort à craindre que le but de la commission ne soit pas atteint. Les circonstances sont-elles calmes? — Les discussions s'éternisent sur des questions secondaires, sur des détails minutieux d'exécution dans lesquels ne devrait jamais entrer une Assemblée nombreuse. Les circonstances, au contraire, sont-elles graves ? — On ne délibère plus, on vote. C'est ainsi que le 24 juin on a voté l'état de siége, et failli voter la dictature sans trop savoir et ce que l'on votait et ce que l'on ne votait pas. Pour un surcroit de liberté, on avait fait deux révolutions, abattu deux dynasties, ébranlé deux fois le monde.... Eh ! bien, le 24 juin, une heure a suffi pour ensevelir l'œuvre de trente années, une heure a suffi pour que toutes les libertés s'anéantissent, pour que toutes les garanties s'évanouissent devant les mots : *l'Etat de siége*. En un instant, liberté de la presse, liberté individuelle, publicité judiciaire sont supprimées, et pas une voix ni à la tribune ni dans les journaux ne s'élève pour protester !

Tel qu'il est sorti des mains créatrices de la commission de constitution, nous doutons fort que le Conseil d'Etat soit jamais un contre-poids suffisant pour tenir en équilibre l'Assemblée nationale. Ceux qui l'ont qualifié de sénat déguisé, en ont, à notre avis, considérablement exagéré l'importance. Il eût été plus sage, nous le croyons, de laisser subsister le Conseil d'Etat tel qu'il existait, sans en faire un des engrenages de cet appareil fragile qui s'appelle une constitution. Si cet engrenage allait mal fonctionner, ce qu'il faut toujours prévoir quand il s'agit d'un rouage qui n'a pas encore été éprouvé, que fera-t-on ? Pour changer le rouage changera-t-on l'appareil, ou laissera-t-on subsister l'appareil avec un rouage frappé d'immobilité?

En résumé, la constitution n'aurait rien à perdre à la suppression du chapitre IV, d'autant plus qu'il est créé, art. 91, un tribunal administratif supérieur, lequel n'est autre chose que le Conseil d'Etat actuel, rendant des arrêts au lieu de donner des avis.

Passons.

Le chapitre V est intitulé : *De l'administration intérieure*. L'article 75 est ainsi conçu :

« *La division actuelle* du territoire en départements, arron-
» dissements, cantons et communes, *ne pourra être changée*
» *que par une loi.* »

Si cette division établie par une loi peut être changée par une loi, pourquoi lui consacrer un chapitre dans la constitution ? Pourquoi mêler ainsi ce qui est fondamental avec ce qui ne l'est pas? N'est-ce pas une incohérence?

Supposez qu'un de ces ministres réformateurs, comme la France en a compté trop peu, utilisant l'invention des chemins de fer et des télégraphes électriques, sans parler des découvertes nouvelles qui peuvent être faites, imaginât de simplifier la centralisation de telle sorte, que les sous-préfets ne fussent plus nécessaires, il ne le pourrait pas! Les sous-préfets sont adhérents à la constitution. Ils sont clefs de voûte.

Le chapitre VI se compose de vingt-six articles; c'est un monument au frontispice duquel est écrit : *Du pouvoir judiciaire.*

Il y est annoncé que les formes de la procédure seront abrégées et simplifiées.

Puisse-t-il n'en être pas de cette promesse comme de toutes les promesses prodiguées au lendemain des révolutions! Un bon décret qui abrégerait et simplifierait les formes de la procédure, de telle sorte que la justice *gratuite* ne fût pas *ruineuse*, un tel décret vaudrait à lui seul une constitution, car il ferait aimer la loi.

*Faire aimer la loi!* c'est là un soin auquel nos gouvernements ne sauraient s'appliquer trop activement.

En Angleterre et aux Etats-Unis le peuple aime la loi, il la respecte, il a confiance en elle; en France, comment la respecterait-il, lorsqu'elle n'est pas respectée par le pouvoir? Il faut le dire, il faut le répéter sans cesse : c'est là une des causes principales de l'instabilité de nos institutions; cette cause est-elle enfin destinée à disparaître? Il est permis d'en douter, quand on voit le même esprit d'arbitraire survivre à la chute de tous les pouvoirs portant les noms les plus contraires.

Chaque article du chapitre VI pourrait fournir un volume de considérations. C'est vraisemblablement le chapitre qui donnera lieu aux débats les plus vifs et les plus prolongés. Nous nous bornerons à renouveler ici l'objection que nous avons faite sur les dangers qu'il y a d'introduire dans une constitution des rouages sur lesquels l'expérience n'a pas encore prononcé. C'est autant de causes d'effraction.

« *Le principe de l'inamovibilité de la magistrature, in-* » *compatible avec le Gouvernement républicain, a disparu* » *avec la Charte de* 1830. » Ainsi l'avait décrété le Gouvernement provisoire, le 17 avril, un jour où M. Crémieux, ministre de la justice, suspendait de leurs fonctions quatre premiers présidents de cour d'appel et le premier président de la cour des comptes. Nonobstant ce décret, le principe de l'inamovibilité de la magistrature est maintenu dans le projet de constitution. L'inamovibilité est-elle ou n'est-elle pas *incompatible* avec le Gouvernement républicain? C'est ce qu'aura à décider l'Assemblée nationale. Mais la question ne serait-elle pas mieux posée en ces termes : L'inamovibilité de la magistrature est-elle compatible avec des gouvernements révolutionnaires sans durée? Nous craignons fort que la constitution, alors même qu'elle aura proclamé l'inamovibilité de la magistrature, n'ait rien fait pour la lui garantir.

Que dirons-nous de l'art. 95, qui institue une haute cour de justice jugeant sans appel les accusations portées par l'Assemblée nationale soit contre ses membres, soit contre le président de la République ou les ministres?— Deux fois nous avons eu l'inviolabilité royale proclamée par deux chartes, et deux fois nous l'avons vue brisée sous un pavé; l'article 2 du chapitre de la constitution de 1791 déclarait inviolable et sacrée la personne du roi; on sait quel compte l'échafaud de 1793 a tenu de cette disposition. Ces souvenirs, nous l'avouons, nous donnent aussi peu de confiance dans toutes ces précautions minutieusement prises, que nous en inspirerait un réglement de police qui interdirait au Vésuve de lancer des flammes, et à l'Océan de soulever des tempêtes, à l'un pour cause d'incendie, à l'autre pour cause de naufrage. Que voulez-vous? La foi dans les constitutions ne se commande pas et s'acquiert, à ce qu'il paraît, assez difficilement, car nous sentirons la nôtre plus tôt chanceler et diminuer que se fortifier et s'accroître. Petit esprit que nous sommes, nous ne croyons, nous n'avons jamais cru qu'en la toute puissance de la bonne administration.

Nous appelons bonne administration, l'administration uniquement dirigée dans l'intéret du plus grand nombre, celle qui sait prévenir les révolutions par les réformes, celle qui ne transige avec aucun abus et ne se laisse devancer par aucun progrès.

Le chapitre VII a pour titre : *De la force publique*. Dire de ce chapitre qu'il est un monstrueux anachronisme, c'est la plus faible critique que nous en puissions faire.

Si ce chapitre subsiste, il équivaudra au vote de l'article suivant :

« Tout Français qui n'a pas le goût des révolutions fera prudemment de contracter le goût des voyages, à moins qu'il ne préfère fixer sa résidence en Angleterre ou aux États-Unis. »

Nous maintenons, et l'avenir vérifiera si nous portons sur lui un jugement téméraire, nous maintenons qu'il n'y a pas de gouvernement qui puisse durer avec une disposition qui fait passer toute la nation sous les drapeaux et aguerrit ainsi tous les citoyens en les exerçant au maniement des armes. Si fort que vous supposiez le gouvernement, si nombreuse que soit l'armée, il n'y aura jamais ni gouvernement assez fort, ni armée assez nombreuse pour maîtriser la force de résistance que vous constituez ainsi contre eux. Il y a longtemps que la république des États-Unis aurait cessé d'exister, si sa constitution avait renfermé une disposition analogue à cet article 109, contre lequel tout ce qu'il y a d'esprits sensés doit énergiquement protester.

Souvent nous avons entendu attribuer à l'abolition du droit d'aînesse, à l'égalité des partages, à la division des propriétés, l'instabilité de tous les gouvernements qui se sont succédé en France depuis 1789; nous croyons que c'est une erreur. Certes, l'égalité des partages est favorable au développement de l'esprit démocratique; mais confondre l'esprit démocratique avec l'esprit révolutionnaire, c'est commettre une grave méprise : l'esprit de destruction peut s'allier tout aussi bien à l'esprit aristocratique qu'à l'esprit démocratique. La véritable cause de la facilité avec laquelle les barricades s'élèvent dans nos rues, il ne faut pas la chercher ailleurs que dans nos lois de recrutement. Naturellement les Français n'ont déjà que trop de propension à l'agression; loin de combattre cette propension à la bataille, que fait-on? on l'encourage, on la développe en les exerçant, en les accoutumant à mépriser le danger et à affronter la mort. Nous recueillons ce que nous semons; nous semons de la poudre à canon; à défaut de la guerre et des conquêtes, elle produit l'émeute et les révolutions.

Ce n'est pas tout; non-seulement tous les Français doivent en personne le service militaire, mais ils doivent encore celui de la garde nationale.

Double anachronisme!

Le dirons-nous? Eh! pourquoi donc ne dirions-nous pas ce que nous pensons? Si on ne lit ce que nous écrivons que pour y trouver des idées sans creux, ni relief, que des idées effacées par la circulation, on s'est trompé. Eh bien! disons-le donc, dans un pays où la liberté de la presse est au premier rang des droits garantis, où le suffrage est universel, nous ne comprenons plus ni la nécessité, ni l'utilité de la garde nationale. Là où l'on voit une garantie, nous voyons un danger; là où l'on voit un élément de force, nous voyons un instrument de guerre civile.

Une armée peu nombreuse, mais largement payée, recrutée par voie d'enrôlement, offrant à chaque soldat la certitude d'une pension de retraite ou d'un emploi civil après vingt-cinq ou trente années de service sous les drapeaux; une gendarmerie considérablement augmentée, et qui serait mieux appelée garde municipale; enfin, dans les grandes villes, une police instituée à l'instar de la police telle qu'elle existe en Angleterre et aux États-Unis; — c'est ainsi que nous comprenons l'organisation de la force publique; notre esprit se refuse à la concevoir autrement, à moins de reculer de deux siècles en arrière, de démolir les écoles, de supprimer les journaux et de fermer toute assemblée où il y a une tribune, où l'on discute et délibère.

Ce qui nous donne à penser que notre opinion n'est pas entièrement dénuée de fondement, ce sont nos soixante années d'apprentissage révolutionnaire.

Puisque la République a déjà eu une première fois trois constitutions tuées sous elle sans parvenir à s'établir, il faut bien que cet effet ait eu une cause. Quelle a été cette cause?

Nous comprenons qu'une monarchie ne se croie en sûreté qu'autant qu'elle est abritée derrière une haie de baïonnettes; nous comprenons qu'une nation à son tour veuille avoir la garantie qu'il ne sera pas porté atteinte à ses libertés; dans ce cas, la garde nationale est le contrepoids de l'armée; ce sont deux forces rivales qui se tiennent en équilibre : l'une représentant l'autorité, l'autre la liberté; mais quand une nation se gouverne par elle-même et n'a point de rois, nous ne comprenons pas qu'elle donne à la liberté pour temple un corps-de-garde!

C'est plus que de l'inconséquence; si nous osions, nous dirions : c'est de la démence!

En effet, à quoi bon donner des fusils et des sabres à *« tous les citoyens en état de porter les armes qui ne font » pas partie de l'armée active?* » Ce sont les termes mêmes de la constitution.

Ce ne peut être pour arrêter les malfaiteurs. La gendarmerie et la police municipale doivent suffire pleinement à cette tâche; si elles ne suffisaient pas, cela prouverait qu'elles sont mal organisées.

Eh bien! de deux choses l'une ; ou l'on suppose que l'union règnera entre tous les citoyens, ou l'on suppose que la discorde éclatera dans leurs rangs.

Dans le premier cas, la garde nationale est une institution qui n'a aucun objet; dans le second cas, c'est armer la guerre civile.

Nous défions tous les membres de la commission de constitution de trouver une issue par laquelle ils puissent échapper à ce dilemme.

La faute grave que l'on a commise au lendemain du 25 février, ce fut d'armer tous les citoyens; c'était assez de leur donner à tous le droit de voter. Aujourd'hui, peut-être, ce serait commettre la faute opposée que de vouloir trop tôt les désarmer tous. Mais ce qu'il ne serait pas prudent de faire prématurément, brusquement, on peut le faire opportunément, graduellement, et pour la garde nationale et pour l'armée, au fur et à mesure que s'éloigneront de nous les risques de la guerre.

Il peut nous arriver de paraître trop absolus dans l'expression de nos opinions, mais, répétons-le, la part de l'exécution est toujours sous-entendue; or, l'exécution sait toujours se faire la part assez large!

Jamais il ne nous est arrivé de rencontrer un Américain ou un Anglais de quelque importance, sans lui adresser ce te question : « Si vous aviez dans votre pays une loi analogue à notre loi de recrutement, et de plus une loi qui donnât des armes à tous les citoyens ne faisant pas partie de l'armée active, quelles en seraient, dans votre pensée, les conséquences?

L'invariable réponse que nous avons toujours recueillie a été celle-ci :

« Subversion de l'ordre, chute du pouvoir, suppres-
» sion de la liberté. »

Que l'on ne s'étonne donc pas de nous voir insister sans relâche sur ce sujet; il n'en est pas qui importe plus au développement de la liberté, au retablisement du pouvoir, à l'affermissement de l'ordre.

Le chapitre VIII est intitulé : *Garantie des Droits.*

Ce chapitre, en réalité, n'est qu'une section ; c'est la seconde moitié du tout, dont l'autre moitié sert de préambule à la Constitution sous ce titre : *Déclaration des Droits et des Devoirs.*

Au point de vue de l'ordonnance d'une Constitution, il nous eût paru d'une meilleure entente de réunir en un seul faisceau tous les droits garantis que de les scinder ainsi.

Enumérer des droits est chose facile, aussi n'ajouterons-nous pas à cette énumération plus d'importance que ne permet de lui en accorder l'expérience du passé.

Toute la question se résume dans la valeur des garanties. Or, quelle est cette valeur? La constitution n'était pas votée encore, mais elle était imprimée, il y a six semaines, lorsque l'on a vu : des journaux supprimés sans condamnation, des propriétés confisquées sans motifs et sans droits, un fonctionnaire arbitrairement jeté dans une chaise de poste entre deux agents de police et envoyé à Bordeaux, un écrivain, non moins arbitrairement arrêté et mis au secret pendant onze jours !

Si la constitution eût été votée, de tels actes se fussent-ils ou ne se fussent-ils pas accomplis ?

La question est délicate.

Dans un cas, que devient l'argument puisé dans la nécessité suprême de pourvoir au salut public?

Dans l'autre cas, que devient alors la Constitution ?

FIN.

Paris. — Imprimerie DONDEY-DUPRÉ, rue Saint-Louis, 46, au Marais.

# OEUVRES
# D'ÉMILE DE GIRARDIN

ÉDITION IN-18 ANGLAIS

## BON SENS BONNE FOI

1 volume. — 2 francs.

## ÉTUDES POLITIQUES

**Nouvelle édition entièrement revue et corrigée**

1 volume. — 2 francs.

## JOURNAL D'UN JOURNALISTE AU SECRET

1 vol. — 1 franc.

## AVANT LA CONSTITUTION

PRÉCÉDÉE D'UNE RÉPONSE A **TIMON**.

Brochure. — Prix : 50 centimes.

SOUS PRESSE :

## NOUVELLES ÉTUDES POLITIQUES

1 vol. — 2 francs.

# TROIS MOIS
# AU POUVOIR

PAR

**A. DE LAMARTINE**

1 vol. in-18 anglais. — 2 francs.

---

HISTOIRE

# DES ATELIERS NATIONAUX

Considérés
Sous le double point de vue pratique et social;
Des causes de leur formation et de leur existence,
Et de l'influence qu'ils ont exercée
Sur les événements des quatre premiers mois de la République,
suivi de pièces justificatives.

**PAR ÉMILE THOMAS,**

Fondateur et Directeur des Ateliers nationaux.

1 volume in-18 anglais. — Prix : 2 francs.

---

RÉVÉLATIONS

# SUR L'ARRESTATION D'ÉMILE THOMAS

**PAR ALEXANDRE DUMAS.**

Brochure in-18. — Prix : 50 c.

---

SOUS PRESSE :

# CONVERSATIONS POPULAIRES

**PAR M. DE COLMONT,**

Ex-Inspecteur général des finances.

1 volume in-18 anglais. — 2 francs.

EN VENTE :

| | | |
|---|---|---|
| Le Comte de Monte-Cristo. . . | 6 vol. | 12 fr. |
| Le Capitaine Paul. . . . . . . . . | 1 — | 2 |
| Le Chevalier d'Harmental. . . | 2 — | 4 |
| Les Trois Mousquetaires. . . . | 2 — | 4 |
| Vingt Ans après. . . . . . . . . | 3 — | 6 |
| La Reine Margot. . . . . . . . . | 2 — | 4 |
| La Dame de Monsoreau. . . . | 3 — | 6 |
| Jacques Ortis. . . . . . . . . . | 1 — | 2 |
| Quinze Jours au Sinaï. . . . . | 1 — | 2 |
| Le Chevalier de Maison-Rouge. | 1 — | 2 |
| Georges. . . . . . . . . . . . . | 1 — | 2 |
| Fernande . . . . . . . . . . . . | 1 — | 2 |
| Pauline et Pascal Bruno. . . . | 1 — | 2 |
| Sylvandire. . . . . . . . . . . . | 1 — | 2 |
| Le Maître d'Armes. . . . . . . . | 1 — | 2 |
| Souvenirs d'Antony. . . . . . . | 1 — | 2 |
| Une Fille du Régent. . . . . . . | 1 — | 2 |
| La Guerre des Femmes. . . . . | 2 — | 4 |

SOUS PRESSE :

| | | |
|---|---|---|
| Souvenirs Dramatiques. . . . . | 1 — | 2 |
| Cécile. . . . . . . . . . . . . . . . | 1 — | 2 |
| Isabel de Bavière. . . . . . . . . | 2 — | 4 |
| Ascanio. . . . . . . . . . . . . . . | 2 — | 4 |

**BIBLIOTHÈQUE LITTÉRAIRE**

ŒUVRES

DE

# PAUL FÉVAL

Format in-18 anglais.

**A 2 FRANCS LE VOLUME.**

CHAQUE VOLUME SE VEND SÉPARÉMENT.

*Il paraît deux ou trois volumes par mois.*

EN VENTE :

| | | |
|---|---|---|
| **Le Fils du Diable.** . . . . . . . . | 4 vol. | 8 fr. |
| **Les Mystères de Londres** . . . . | 3 — | 6 |

SOUS PRESSE :

| | | |
|---|---|---|
| **Les Amours de Paris.** . . . . . . | 2 — | 4 |

EN VENTE :

MICHEL MASSON.

| | | |
|---|---|---|
| **Les Contes de l'Atelier.** . . . . . | 2 — | 4 |

ALBERT AUBERT.

| | | |
|---|---|---|
| **Les Illusions de Jeunesse du célèbre M. Boudin.** . . . . . . . . | 1 — | 2 |

CHARLES DICKENS.

TRADUCTION DE BENJAMIN LAROCHE.

| | | |
|---|---|---|
| **La Maison Dombey père et fils.** | 1 — | 2 |

LA

# BIBLIOTHÈQUE DRAMATIQUE

CHOIX

DES

## PIÈCES NOUVELLES JOUÉES SUR TOUS LES THÉATRES DE PARIS,

**imprimées dans le format in-18 anglais.**

La Bibliothèque Dramatique publiera exclusivement toutes les œuvres théâtrales nouvelles de MM. Alexandre Dumas, Bayard, Anicet-Bourgeois, Dumanoir, Lockroy, Mélesville, Frédéric Soulié et Eugène Süe, qui se sont engagés également pour leurs collaborateurs, et les œuvres choisies des meilleurs auteurs dramatiques.

IL PARAIT TROIS OU QUATRE PIÈCES PAR MOIS. — QUATRE VOLUMES PAR AN.

**Prix de chaque volume, 5 francs.**

Chaque volume et chaque pièce se vendent séparément.

LE TOME XII EST EN VENTE.

| | | |
|---|---|---|
| **Le Gant et l'Éventail**, c.-v. en 3 a., par MM. Bayard et Sauvage. | » f. | 60 c. |
| **La Baronne de Blignac**, v. par MM. Dumanoir et Nyon..... | » | 60 |
| **L'Inventeur de la Poudre**, v. en 1 a., par MM. Labiche et Lefranc. | » | 60 |
| **Le Château des Sept-Tours**, drame en 5 actes, par MM. Maillan et Alboize (épuisé)..... | 2 | » |
| **Sport et Turf**, vaud. en 2 a., par MM. Dumanoir et Clairville.. | » | 60 |
| **Le Docteur Noir**, drame en 7 actes, par MM. Anicet et Dumanoir. | » | 60 |
| **Charlotte**, drame en 3 actes, par MM. Emile Souvestre et Bourgeois. | » | 60 |
| **Clarisse Harlowe**, dr. 3 a., par Dumanoir, Clairville et Guillard.. | » | 60 |
| **Madame de Tencin**, dr. 5 a. (épuisé), par Fournier et Mirecourt. | 3 | » |
| **Don Gusman**, comédie en 5 a., par M. Adrien Decourcelle....... | » | 60 |
| **Le Bonhomme Richard**, v. 3 a. par MM. Mélesville et Carmouche | » | 60 |
| **Gentil-Bernard**, c.-v. en 5 a., par MM. Dumanoir et Clairville. | » | 60 |
| **Échec et Mat**, drame en 5 actes, par MM. O. Feuillet et P. Bocage. | 1 | » |
| **Un Mari qui se dérange**, v. 2 a. par MM. Cormon et Grangé.. | » | 60 |
| **La Closerie des Genêts**, drame en 6 a., par M. Frédéric Soulié.. | » | 60 |
| **Une Chambre à deux Lits**, v. en 1 a., par MM. Varin et Lefèvre. | » | 60 |
| **Les Demoiselles de Noce**, v. 2 a. par MM. Bayard et L. Laya. | » | 60 |
| **Le Nœud Gordien**, drame en 5 actes, par Mme Casamajor........ | » | 60 |
| **Pierre Février**, comédie-vaudeville en 1 acte, par M. Davesne... | » | 60 |
| **Gibby la Cornemuse**, o.-c. 3 a., par MM. de Leuven et Brunswick. | 1 | » |
| **Le Lait d'Anesse**, vaud. en 1 acte, par MM. Gabriel et Dupeuty. | » | 60 |
| **La Poudre-coton**, revue en 5 a., par MM. Dumanoir et Clairville. | » | 60 |
| **Diable ou Femme**, comédie en 1 acte, par M. Hippolyte Lucas... | » | 50 |
| **Un Mari fidèle**, comédie-vaud. en 1 a., par MM. Varin et Dugard.. | » | 60 |
| **Robert Bruce**, opéra en 3 actes, par MM. Alph. Royer et Vaëz... | 1 | » |
| **Marie, ou l'Inondation**, dr. en 5 a., par MM. Anicet et Francis. | » | 60 |

**Les Mystères du Carnaval,** dr. 5 a. par MM. Anicet et Masson. » fr. 60 c.
**Mademoiselle Navarre,** comédie-vaud. en 1 a., par M. H. Lucas. » 50
**Trois Rois, Trois Dames,** comédie-vaudeville en 3 actes, par M. Léon Gozlan. » 60
**Un Coup de Lansquenet,** comédie en 2 actes, par M. Léon Laya. » 60
**Irène, ou le Magnétisme,** c.-v. en 2 a., par MM. Scribe et Lockroy. » 60
**En Province,** comédie en 3 actes, en vers, par M. Ernest Serret... » 60
**Le Filleul de tout le monde,** c.-v. en 4 a., par M. Souvestre. » 60
**Le Fantôme,** com.-vaud. en 1 acte, par MM. Bayard et Sauvage. » 60
**La Reine Margot,** dr. en 5 a. et 13 t., par MM. Al. Dumas et Maquet. 1 »
**Une Fièvre brûlante,** com.-vaud. en 3 actes, par M. Mélesville. » 60
**Bertram le Matelot,** drame en 5 actes, par M. J. Bouchardy..... » 60
**Alceste,** tragédie en 3 actes, en vers, par M. Hippolyte Lucas.... 1 »
**L'Enfant de l'amour,** c.-v. 3 a., par MM. Bayard et Paul Vermond » 60
**La Reine Argot,** parodie de la Reine Margot, en 7 tableaux, en vers, par MM. Lubize, Guénée et Leprevost. » 60
**Palma, ou la Nuit du Vendredi-Saint,** drame en 5 actes, par MM. Octave Feuillet et Paul Bocage. » 60
**Notre Fille est Princesse,** drame en 5 actes, par M. Léon Gozlan. » 60
**Un Docteur en Herbe,** c.-v. 2 a., par MM. Duvert et Lauzanne.. » 60
**La Loge de l'Opéra,** drame en 3 actes, par Mme Ségalas......... » 60
**Ce que Femme veut...,** c.-v. 2 a., par MM. Duvert et Lauzanne. » 60
**Léonard le Perruquier,** c.-v. 4 a., par MM. Dumanoir et Clairville » 60
**Bouquet de l'Infante,** op.-c. 3 a., par MM. de Planard et de Leuven 1 »
**Un Coup de Vent,** vaudeville en 1 acte, par M. Colin........... » 50
**Père et Portier,** vaudeville en 2 actes, par MM. Bayard et Varner. » 60
**Le Chiffonnier de Paris,** dr. 5 a. et 12 tabl., par M. Félix Pyat. 1 »
**La Vicomtesse Lolotte,** c.-v. 3 a., par MM. Bayard et Dumanoir. » 60
**Le Trottin de la Modiste,** vaudeville en 2 actes, par M. Clairville. » 60
**Les Nuits blanches,** vaud. 2 a., par MM. Bayard et de Biéville. » 60
**Les Étouffeurs de Londres,** dr. par MM. Paul Foucher et Jaime. » 60
**La Bouquetière,** opéra en 1 acte, par M. H. Lucas............ 1 »
**Les Notables de l'Endroit,** comédie en 3 actes, par M. Narrey... » 60
**Robert Bruce,** drame en 5 actes, en vers, par M. Beauvallet...... » 60
**Pour arriver,** drame en 3 actes, par M. Émile Souvestre........ » 60
**L'École des Familles,** com. en 5 a., en vers, par M. Ad. Dumas. 1 »
**Intrigue et Amour,** drame en 9 tab., par M. Al. Dumas........ 1 »
**Un Mousquetaire gris,** vaudeville en 2 actes, par M. Rosier..... 1 »
**Le jeune Père,** c.-v. en 2 actes, par MM. Fournier et Alphonse. » 60
**Charlotte Corday,** dra. en 3 ac. par MM. Dumanoir et Clairville. » 60
**Le Chirurgien-Major,** vaudeville en 1 acte, par M. Souvestre.. » 50
**Le Chevalier de Maison-Rouge,** dr. en 5 actes et 12 tableaux, par MM. Alexandre Dumas et Auguste Maquet. 1 »
**Les deux Foscari,** opéra en 4 actes, de Verdi. 1 »
**Les Chiffonniers,** v. 5 a., par MM. Bayard, Sauvage et de Courcy. » 60
**Léa, ou la Sœur du Soldat,** d. 5 a. par MM. Bouchardy et Foucher. » 60
**Le Fils du Diable,** dr. 12 tabl., par MM. Paul Féval et Saint-Yves » 60
**Le Bonheur sous la Main,** vaud. 1 acte, par MM Léonce et Nus. » 50
**Rose et Marguerite,** v. 3 a., par MM. Charles Desnoyer et Léonce. » 60
**Simon le voleur,** drame en 4 actes, par M. Laurencin.......... » 60
**Isabelle de Castille,** drame en 5 actes, par M. Jules Baget...... » 60
**Le Réveil du Lion,** c.-v. en 2 actes, par MM. Bayard et Jaime.. » 60
**Le Chevalier d'Essonne,** v. 3 a. par MM. Dupeuty et Anicet. » 60
**Les Premiers beaux Jours,** v. 3 a. par MM. Cormon et Grangé. » 60
**Regardez, mais ne touchez pas,** c. 3 a., par Th. Gautier et Lopez » 60
**Martin et Bamboche,** drame en 10 tableaux, par M. Eugène Suë. 1 »
**L'Ordonnance du Médecin,** vaud. 1 acte, par M. de Prémaray. » 50
**Le Coin du Feu,** c.-v. 1 a., par MM. Ch. Desnoyer et Holbein. » 50
**Cléopâtre,** tragédie en 5 actes par Madame Émile de Girardin..... 1 »
**Jacques le Fataliste,** vaud. 2 act., par MM. Dumanoir et Lopez. » 60
**Gastibelza,** drame lyrique, 3 actes, par MM. Dennery et Cormon.. 1 »
**Les premiers Pas,** op.-com. 1. a. par MM. A. Royer et G. Vaëz. » 60
**Une jeune Vieillesse,** drame en 5 actes, par M. Lefèvre......... » 60
**Jérôme le Maçon,** com.-v. 2 a., par MM. Bayard et de Biéville. » 60

**Jérusalem**, opéra en 4 actes, par MM. Alph. Royer et G. Vaëz... 1 fr. » c.
**En Bonne Fortune**, comédie en 1 acte, par M. Narrey......... » 50
**Le Trésor du Pauvre**, d. en 3 a., par MM. Ch. Desnoyer et Nus. » 60
**La Dernière Conquête**, comédie-vaud. en 2 actes, par M. Rosier. » 60
**Un Château de Cartes**, comédie en 3 actes, par M. Bayard...... » 60
**Hamlet**, drame en 8 parties, par MM. Al. Dumas et Paul Meurice. 1 »
**Un Banc d'Huitres**, rev. en 7 tabl., par MM. Dumanoir et Clairville. » 60
**Les Geais**, com. en 2 actes, par M. Watrin.................... » 60
**Les Tribulations d'un grand Homme**, c. 3 a., par M. Béchard. » 60
**Le Journal d'une Grisette**, v. 3 a., par MM. Cormon et Grangé. » 60
**La Marinette**, com. en 1 acte, par M. Decourcelle............ » 60
**Les Mém. de Grammont**, com.-v. en 1 acte, par. M. Decourcelle. » 50
**Lavater**, com.-v. en 2 actes, par MM. Dumanoir et Clairville.... » 60
**Hortense de Blengie**, drame en 3 actes par Frédéric Soulié...... » 60
**Les Mousquetaires de la Reine**, op.-c. 3 a., par M. de St-Georges. 1 »
**Le Marquis de Lauzun**, v. 1 a., par MM. Carmouche et P. Vermond » 60
**Léonie**, drame en 1 acte, par M. Léon Laya..................... » 60
**Les Extrêmes se touchent**, v. 1 a., par MM. Decourcelle et Battu. » 50
**Amour et Bergerie**, com. en 1 acte, par M. J. Barbier......... » 50
**Le Fruit Défendu**, v. 1 a., par MM. Mélesville et Carmouche .. » 50
**Le Petit-Fils**, vaud. en 1 acte, par MM Bayard et Varner........ » 60
**Les Cinq Sens**, ballet en 5 tabl., par MM. Dumanoir et Mazilier. 1 »
**La Clef dans le dos**, v. 1 a. par MM. Duvert et Lauzanne........ » 50
**Notre Dame des Anges**, dr. 8 tab. par MM. Anicet et Albert.... » 60
**Le Collier du roi**, dr. en 1 acte, par M. H. Lucas............. » 60
**Gille ravisseur**, opéra-comique en 1 acte, par M. Sauvage....... » 60
**Un jeune homme pressé**, vaudev. en 1 acte, par M. Labiche... » 60
**Le pouvoir d'une femme**, vaudev. en 2 actes, par M. Rosier... » 60
**Le 24 Février**, dr. en 1 acte, par M. Paul Féval............... » 50
**Vestris**, vaudev. en 2 actes, par MM. Mélesville et G. Lemoine.... » 60
**La Foi, l'Espérance et la Charité**, dr. en 5 a., par M. Rosier... » 60
**Un Voyage sentimental**, v. en 2 a., par MM. Varin et Leuven... » 60
**Le Md. de Jouets d'Enfant**, v. 1 a., par Mélesville et Guillard.... » 60
**Une Poule**, vaudev. en 2 actes, par MM. Bayard et L. Picard.... » 60
**Horace et Caroline**, vaudev. en 2 a., par MM. Bayard et Bieville » 60
**Le Maréchal Ney**, dr. 5 a., par MM. Dupeuty, Anicet et Dennery. » 60
**Eric, ou le Fantôme**, dr. en 3 a., par MM. Fournier et Bieville... » 60
**Guillaume le Débardeur**, dr. 5 a., par Dumersan et Delaborde. » 60
**1 et 1 font 1**, v. en 1 acte, par MM. Deslandes et Decourcelles .. » 60
**Le Démon familier**, v 3 a., p. MM. Mélesville et Carmouche.... » 60
**Les Frais de la guerre**, com. en 3 actes, par M. L. Guillard.... » 60
**La Niaise de Saint-Flour**, v. 1 a. par MM. Bayard et G. Lemoine. » 60
**Marceau**, drame en 5 actes, par MM. Anicet et M. Masson ....... » 60
**Un déménagement**, vaud. en 1 acte, par MM. Léonce et Nus.... » 60
**Les Premières coquetteries**, c.-v. en 1 acte, par M. Barbier.... » 60
**Les Portraits**, com. en 1 acte, par MM. Decourcelle et Barrière.... » 60
**La Marâtre**, drame en 5 actes, par M. de Balzac................ 1 »
**Le Morne-au-Diable**, drame en 5 actes, par M. Eugène Süe.... 1 »
**Le premier coup de canif**, v. 2 a., par MM. Anicet et Brisebarre » 60
**Le vrai Club des femmes**, com. en 2 a., en vers, par M. Mery. 1 »
**Jeanne Mathieu**, com.-v. 1 a., par M. Fournier............. » 60
**La Comtesse de Sennecey**, dr. 3 a., par MM. Bayard et Dennery. » 60

# PIÈCES DE THÉATRE

Imprimées à 2 colonnes, dans le format grand in-octavo.

| Pièce | fr. | c. |
|---|---|---|
| **L'Ame en peine**, opéra en 2 actes, par M. de St-Georges | 1 fr. | » c |
| **Benvenuto Cellini**, opéra en 2 actes, par M. Barbier | 1 | » |
| **La Biche aux Bois**, féerie en 4 actes, par MM. Cogniard frères | » | 60 |
| **La Carotte d'Or**, c.-v. en 1 a., par MM. Mélesville et Comberousse | » | 60 |
| **Charles VI**, opéra en 5 actes, par Casimir et G. Delavigne | 1 | » |
| **Les Deux Voleurs**, opéra-comique en 1 acte, par MM. de Leuven et Brunswick | » | 60 |
| **Dom Sébastien de Portugal**, opéra en 5 actes, par M. Scribe | 1 | » |
| **Don Juan**, opéra en 5 actes, par MM. E. Deschamps et H. Blaze | 1 | » |
| **L'Enfant du Carnaval**, vaudeville en 3 actes (épuisé), par MM. Dumanoir et Clairville | 5 | » |
| **L'Etoile du Berger**, féerie en 14 tab., par MM. Anicet et Dennery | » | 60 |
| **L'Étoile de Séville**, opéra en 4 actes, par M. Hippolyte Lucas | 1 | » |
| **La Famille Poisson**, comédie en 1 acte, par M. Samson | » | 60 |
| **La Femme de mon Mari**, vaudeville en 2 actes, par M. Rosier | » | 60 |
| **Frisette**, comédie-vaudev. en 1 a., par MM. Labiche et Lefranc | » | 60 |
| **Les Frères Dondaine**, vaudev. en 1 a., par MM. Varin et Lopez | » | 60 |
| **Le Freyschutz**, opéra en 3 actes, par M. Pacini | 1 | » |
| **Le Gamin de Londres**, drame-vaudev., en 3 a., par MM. Théaulon et Gabriel | » | 60 |
| **Le Guerillero**, opéra en 2 actes, par M. Th. Anne | 1 | » |
| **Guido et Ginevra**, opéra en 5 actes, par M. Scribe | 1 | » |
| **Guillaume Tell**, opéra en 3 actes, par MM. Jouy et Bis | 1 | » |
| **Les Huguenots**, opéra en 5 actes, par M. Scribe | 1 | » |
| **L'Inconsolable**, vaudeville en 3 actes, par M. Rosier | » | 60 |
| **Le Jardin d'Hiver**, comédie-vaudeville en 1 acte, par MM. Mélesville et Carmouche | 1 | » |
| **Juanita** comédie-vaudev. en 2 a., par MM. Bayard et Comberousse | » | 60 |
| **La Juive**, opéra en 5 actes, par M. Scribe | 1 | » |
| **Le Lazzarone**, opéra en 2 actes, par M. de St-Georges | 1 | » |
| **La Maîtresse Anonyme**, vaud. en 2 actes, par M. Léon Laya | » | 60 |
| **Marie Stuart**, opéra en 5 actes, par M. Th. Anne | 1 | » |
| **La Mère de Famille**, vaud. en 1 a., par MM. Dennery et Lemoine | » | 60 |
| **Monsieur de Maugaillard**, comédie en 1 acte, par M. Rosier | » | 60 |
| **La Muette de Portici**, opéra en 5 actes, par MM. Scribe et G. Delavigne | 1 | » |
| **Philippe II**, roi d'Espagne, drame en 5 actes, par M. Cormon | » | 60 |
| **Le Poisson d'Avril**, vaud. en 1 acte, par M. Léon Laya | » | 60 |
| **Le Premier Chapitre**, vaud. en 1 acte, par M. Léon Laya | » | 60 |
| **Le Proscrit**, opéra en 4 act., de Verdi | 1 | » |
| **La Recherche de l'Inconnu**, vaud. en 2 a., par M. Léon Laya | » | 60 |
| **La Reine de Chypre**, opéra en 5 actes, par M. de St-Georges | 1 | » |
| **Richard Cœur-de-Lion**, opéra-comique en 3 actes, de Sedaine | » | 60 |
| **Richard en Palestine**, opéra en 3 actes, par M. Paul Foucher | 1 | » |
| **Robert le Diable**, op. en 5 a., par MM. Scribe et G. Delavigne | 1 | » |
| **Rocambolle le Bateleur**, vaudeville en 2 actes, par MM. Labiche et Lefranc | 1 | » |
| **Le Roman comique**, comédie-vaudev. en 3 a., par MM. Dennery, Cormon et Romain | » | 60 |
| **Les Sept Châteaux du Diable**, féerie en 4 act., par M. Dennery | » | 60 |
| **Le Serpent sous l'herbe**, vaudeville en 1 a., par M. A. Durantin | » | 60 |
| **Le Trompette de M. le Prince**, op.-com. en 1 a., par M. Mélesville | 1 | » |

# PIÈCES DE THÉATRE

Imprimées dans le format in-octavo ordinaire.

| | | |
|---|---|---|
| **Aladin,** ou LA LAMPE MERVEILLEUSE, op. en 5 a., par M. Étienne. | » fr. | 60c. |
| **L'Ambitieux,** comédie en 5 actes, par M. Scribe | » | 60 |
| **André le Chansonnier,** dr. en 2 a., par MM. Fontan et Desnoyer. | 1 | » |
| **La Belle-Mère et le Gendre,** comédie en 3 actes, en vers, par M. Samson | » | 60 |
| **Le Bouquet de l'Infante,** opéra-comique en 3 actes, par MM. de Planard et de Leuven | 1 | 50 |
| **Ce que Femme veut...** vaudeville en 2 actes, par MM. Duvert et Lauzanne | 1 | » |
| **Le Chevalier d'Éon,** comédie-vaud. en 3 actes, par MM. Bayard et Dumanoir | » | 60 |
| **Claude Stocq,** drame en 5 actes, par MM. Arnould et Fournier | » | 60 |
| **Cosima,** ou LA HAINE DANS L'AMOUR, drame en 5 a., par G. Sand | 2 | » |
| **Crispin rival de son Maître,** comédie en un acte, par Lesage | » | 60 |
| **Un Docteur en Herbe,** vaudeville en 2 actes, par MM. Duvert et Lauzanne | 1 | » |
| **Don Juan,** ou LE FESTIN DE PIERRE, opéra en 4 actes, d'après Molière, par Castil-Blaze | 1 | » |
| **Don Juan d'Autriche,** comédie en 5 actes, en prose, par Casimir Delavigne | 1 | » |
| **Le Drapier,** opéra en trois actes, par M. Scribe | 1 | » |
| **Échec et Mat,** drame en 5 a., par MM. O. Feuillet et P. Bocage | 1 | » |
| **Etre aimé ou mourir,** comédie-vaud. en 1 acte, par MM. Scribe et Dumanoir | 1 | » |
| **Frédégonde et Brunehaut,** trag. en 5 actes, par M. Lemercier | » | 60 |
| **Gibby la Cornemuse,** opéra-comique en 3 actes, par MM. de Leuven et Brunswick | 1 | 50 |
| **Gustave III,** ou LE BAL MASQUÉ, opéra en 5 actes, par M. Scribe | » | 60 |
| **Iphigénie en Tauride,** opéra en 4 actes, par M. Guillard | 1 | » |
| **L'Idée du Mari,** comédie-vaudeville en un acte, par MM. Dennery et Cormon | » | 60 |
| **Lambert Simnel,** ou LE MANNEQUIN POLITIQUE, comédie en 5 actes par MM. Picard et Empis | 1 | » |
| **Léocadie,** opéra-comique en 3 actes, par MM. Scribe et Mélesville. | » | 60 |
| **Les Locataires et les Portiers,** vaudeville en un acte, par M. Brazier | 1 | » |
| **Le Mariage par Dévouement,** comédie en 3 actes, par M. Rosier | 1 | |
| **Le Mémoire de la Blanchisseuse,** vaudeville en un acte, par MM. Brazier et Villeneuve | 1 | 50 |
| **Le Modèle,** vaudeville en un acte, par MM. Cogniard frères | » | 60 |
| **Le Monomane,** drame en 5 actes, par M. Ch. Duveyrier | » | 60 |

## Ouvrages illustrés.

# LE FAUST
## DE GOETHE

TRADUCTION REVUE ET COMPLÈTE, PRÉCÉDÉE D'UN ESSAI SUR GOETHE

PAR M. HENRI BLAZE

Édition illustrée de 9 Vignettes, dessinées

PAR

**M. TONY JOHANNOT**

ET D'UN NOUVEAU PORTRAIT DE GOETHE

GRAVÉS SUR ACIER PAR M. LANGLOIS ET TIRÉS SUR PAPIER DE CHINE.

**Un volume grand in-8. — Prix : 12 francs**

PUBLIÉ EN 40 LIVRAISONS A 30 CENTIMES.

---

# THÉATRE COMPLET DE VICTOR HUGO

**Un beau volume grand in-8°,**

ORNÉ DU PORTRAIT DE VICTOR HUGO

ET DE SIX GRAVURES SUR ACIER.

D'APRÈS LES DESSINS DE MM. RAFFET, L. BOULANGER, J. DAVID, ETC., ETC.

**Prix : 6 francs 50 centimes.**

---

Chaque pièce se vend séparément.

| | | | |
|---|---|---|---|
| **Hernani.** | 60 c. | **Angelo.** | 60 c. |
| **Marion Delorme.** | 60 | **Ruy Blas.** | 60 |
| **Le Roi s'amuse.** | 60 | **Les Burgraves.** | 60 |
| **Lucrèce Borgia.** | 60 | **La Esméralda.** | 60 |
| **Marie Tudor.** | 60 | | |

# LES JÉSUITES

## DEPUIS LEUR ORIGINE JUSQU'A NOS JOURS

**Histoire, Types, Mœurs, Mystères,**

PAR

M. A. ARNOULD

ILLUSTRÉS DE 20 GRAVURES SUR ACIER ET DE 100 GRAVURES SUR BOIS,

d'après les dessins de

MM. TONY JOHANNOT, J. DAVID, E. GIRAUD, JANET-LANGE, E. LORSAY, HADAMARD, FRÈRE ET DUPUIS.

2 vol. grand in-8; — prix : 20 fr.; — publiés en 67 livr. à 30 c.

---

# LES COUVENTS

Origine — Histoire — Règle — Discipline — Mœurs — Types — Mystères

PAR

MM. LOUIS LURINE ET ALPHONSE BROT,

ILLUSTRÉS

de 18 gravures sur acier et d'un grand nombre de gravures sur bois, d'après les dessins de MM. Tony Johannot, Célestin Nanteuil et Français.

**Un beau volume grand in-8. — Prix : 7 fr.**

---

**ÉCRIVAINS ET POÈTES DE L'ALLEMAGNE**

Par M. Henri Blaze. — 1 vol. in-18, format anglais. Prix : 3 fr. 50 cent.

**FABLES**

Par M. Anatole de Ségur. — 1 joli vol. in-18 anglais. Prix : 3 fr.

**BLUETTES ET BOUTADES**

Par J. Petit-Senn (de Genève), avec une Préface par Louis Reybaud.
1 joli vol. in-18, format anglais. Prix : 3 fr. 50 cent.

**PORTRAITS LITTÉRAIRES**

Par Gustave Planche. — 2 vol. in-8. Prix : 7 fr.

**DE L'AMOUR**

SELON LES LOIS PREMIÈRES ET SELON LES CONVENANCES DES SOCIÉTÉS MODERNES.

Par de Senancour. — 2 vol in-8. Prix : 8 fr.

**RÊVERIES**

Par de Senancour. — 1 vol. in-8 Prix : 3 fr.

**ISABELLE**

Par de Senancour. — 1 vol. 8. Prix : 3 fr.

**DE L'OPÉRA EN FRANCE**

Par Castil-Blaze. — 2 vol. in-8. Prix : 4 fr.

**DES RÉGENCES EN FRANCE**

Par le prince de la Moscowa. — Grand in-8. Prix : 2 fr.

**FABLES**

Par A. V. Arnault, de l'Académie française. — 2 jolis vol. in-18. Prix : 1 fr.

**LES STALACTITES**

Poésies par Théodore de Banville. — 1 vol. in-8. Prix : 4 fr.

**DE L'ÉGLISE**

ET DE L'INSTRUCTION PUBLIQUE EN FRANCE

Traduit de l'anglais de Christophe Wordsworth. — 1 vol in-8. Prix : 5 fr.

**NOUVEAU MANUEL**

DE LA CONVERSATION FRANÇAISE ET ANGLAISE

Contenant 100 dialogues usuels et familiers. Par Frueldson.
1 vol. in-18. Prix : 1 fr. 50 cent.

**ART DE FRENCH CONVERSATION**

By J.-L. Mabire. — 1 vol. in-18 oblong. Prix : 1 fr. 50 cent.

**FEU ET FLAMME**

Par A. Weill. — 1 joli vol. in-32. Prix : 50 cent.

# ROMANS

(format in-8°)

## ALEXANDRE DUMAS.

**Le Comte de Monte-Cristo**. . . . . (2e édition). . 12 vol. 60 f. »
**Les Trois Mousquetaires**. . . . . . ( — ). . 8 vol. 40 »
**Vingt Ans après** (suite des TROIS MOUSQUETAIRES) . . . . . . . . . . ( — ). . 8 vol. 40 »
**La Reine Margot**. . . . . . . . . . ( — ). . 6 vol. 30 »
**Le Vicomte de Bragelonne**, tomes 1 à 6. . . . . . . . . . . 45 »

## LOUIS REYBAUD

**Jérôme Paturot à la recherche de la meilleure des Républiques**. Tome I et II.. . . . . . . . . 10 »
**Edouard Mongeron** . . . . . . . . . . . . . . . . . . 5 vol. 25 »
**Le Coq du clocher** . . . . . . . . . . . . . . . . . . 2 vol. 10 »
**César Falempin**. . . . . . . . . . . . . . . . . . 2 vol. 10 »
**Pierre Mouton**. . . . . . . . . . . . . . . . . . 2 vol. 10 »
**Le Dernier des Commis-Voyageurs** (épuisé). . . 2 vol. 10 »

SOUS PRESSE :

**Marie Brontin, ou la Conspiration de Babœuf**. . 2 vol. 10 »

## JULES JANIN.

**Le Chemin de traverse**. . . . . . . . . . . . . . . . 1 vol. 3 50

**Mémoires de Mademoiselle Flore**, des Variétés, écrits par elle-même (2e édition).

*Avec cette épigraphe :* Pourquoi n'écrirais-je pas mes Mémoires? ma blanchisseuse écrit bien les siens.

3 vol. in-8. 12 f. »

## PROSPER MÉRIMÉE.

**Carmen** . . . . . . . . . . . . . . . . . . . . . . . . . . 1 vol. 5 fr. »

## JULES SANDEAU.

**Madeleine** . . . . . . . . . . . . . . . . . . . . . . . . 1 vol. 5 »
**Mademoiselle de la Seiglière** . . . . . . . . . . . . 2 vol. 10 »
**Un Héritage** . . . . . . . . . . . . . (Sous presse.) 2 vol. 10 »

## Mme CHARLES REYBAUD.

**Géraldine** . . . . . . . . . . . . . . . . . . . . . . . . 2 vol. 10 »
**Les Deux Marguerite** . . . . . . . . . . . . . . . . 2 vol. 10 »
**Sans Dot** . . . . . . . . . . . . . . . . . . . . . . . . . 2 vol. 10 »
**Le Cadet de Colobrières** . . . . . . . . . . . . . . 2 vol. 10 »
**Félise.** (Sous presse) . . . . . . . . . . . . . . . . . 2 vol. 10 »
**Clémentine.** (Sous presse) . . . . . . . . . . . . . . 2 vol. 10 »

## CHARLES DIDIER.

**Rome souterraine** . . . . . . . . . . . . . . . . . . . 2 vol. 10 »
**Romans du Maroc** . . . . . . . . . . . . . . . . . . . 4 vol. 10 »

## ARSÈNE HOUSSAYE.

**Madame de Favières** . . . . . . . . . . . . . . . . . 2 vol. 5 »

## ÉDOUARD CORBIÈRE.

**Pelaïo** . . . . . . . . . . . . . . . . . . . . . . . . . . . 2 vol. 5 »

SOUS PRESSE :

# LA VIE LITTÉRAIRE

PAR JULES JANIN

**2 beaux vol. in-8. — Prix : 16 fr.**

# JÉROME PATUROT

## A LA RECHERCHE DE LA MEILLEURE DES RÉPUBLIQUES

### PAR LOUIS REYBAUD

Nous croyons ne pouvoir donner une plus complète idée du nouvel ouvrage de M. L. Reybaud qu'en lui empruntant les lignes suivantes, par lesquelles il commence son récit :

Je n'aurais pas songé à continuer un livre que le public a accueilli avec faveur, si les événements n'eussent modifié ma résolution. Personne ne sait mieux que moi qu'il est sage de s'arrêter à temps dans une veine heureuse, et de ne pas la compromettre en l'épuisant.

Cependant tout est changé autour de nous; entre ce qui était et ce qui est, il n'y a en apparence que quelques semaines d'intervalle; il y a un siècle en réalité. C'est un ordre nouveau, et à sa suite des mœurs nouvelles.

J'ai peint la société française sous la monarchie, et ne l'ai point flattée; j'entreprends de la peindre sous la République, et ne la flatterai pas davantage. Si les régimes changent, les hommes restent, et au-dessus des fluctuations politiques, il y a les grandeurs et les faiblesses du cœur humain.

J'apporte dans ce travail le meilleur des sentiments, un amour profond pour la patrie et un sincère dévouement à ses destinées nouvelles. Je veux concourir, dans la mesure de mes forces, à l'affermissement de ce qui est, et si, chemin faisant, je parviens à délivrer la République de quelques vanités qui lui pèsent et de quelques erreurs qui l'embarrassent, je croirai avoir acquitté envers elle ma dette de citoyen. Je fais, certes, la part des difficultés; elles sont grandes. J'honore aussi le patriotisme; jamais il ne s'en déploya tant. A des hommes, à un peuple qui ont donné de tels exemples, on peut dire la vérité; elle sera bien reçue.

C'est d'ailleurs un devoir pour les écrivains de ne pas demeurer à l'écart d'un établissement qui se fonde. Signalé à temps, un abus disparaît; il résiste quand il a pris racine. Et puis l'heure est venue où, suivant la belle expression de l'auteur des TUSCULANES, tout citoyen doit porter écrit sur son front ce qu'il pense de la chose publique.

Ces lignes caractérisent parfaitement, selon nous, le nouveau livre de M. Louis Reybaud, où l'on voit éclater tour à tour l'esprit d'observation, la fine critique et le style qui distinguent le savant et consciencieux auteur des *Études sur les Réformateurs ou Socialistes modernes*, et de *Jérôme Paturot à la recherche d'une position sociale.*

CONDITIONS DE LA SOUSCRIPTION.

Il paraît une livraison tous les samedis. — Chaque livraison se compose de 2 feuilles ou 72 pages format in-18 anglais. — Quatre livraisons forment un vol. L'ouvrage se composera de 12 à 16 livraisons ou 3 à 4 volumes.

**Prix du vol., 2 fr.; la livraison, 50 cent. En vente, les tomes 1, 2, 3.**

Paris. — Imp. LACRAMPE FILS et COMP., rue Damiette, 2.

www.ingramcontent.com/pod-product-compliance
Lightning Source LLC
LaVergne TN
LVHW020352230826
846091LV00003B/1080

*9782011945761*